SUSANNE E. SCHWAIGER

Persönlichkeitstraining
mit Pferden

Das Praxisbuch

KOSMOS

KOSMOS-InfoLine
Fragen Sie unsere Autorin Susanne E. Schwaiger

Susanne E. Schwaiger verbindet sehr erfolgreich ihre Erfahrungen in der Ausbildung und Korrektur von Pferden mit ihrem Beruf als Persönlichkeitstrainerin. Von ihren zahlreichen Kursen und Seminaren profitieren Teilnehmer mit und ohne Pferd. Dabei setzt sie moderne Methoden aus dem NLP, der Psychokybernetik und des mentalen Trainings ebenso ein wie traditionelle Meditation, Körper- und Energiearbeit.

Sie können sich mit Ihren Fragen und Problemen an sie wenden. Schreiben Sie an die Kosmos-InfoLine

Kosmos-Verlag
InfoLine Persönlichkeitstraining mit Pferden
Postfach 106011
70049 Stuttgart

Haben Sie Probleme mit Ihrem Pferd oder Fragen zu den Seminaren? Susanne E. Schwaiger steht auch in Ihrem Reitstall für Seminare gerne zur Verfügung. Schreiben Sie an:

Susanne E. Schwaiger
Moosweg 2
86676 Walda
e-mail: s.e.schwaiger@t-online.de

Ein Weg der Freiwilligkeit und Freundschaft   **6**

Führen heißt der Gemeinschaft dienen   **8**

Die Herde, ein streng hierarchisches
Gesellschaftssystem   11

Die Leitstute, das weibliche Prinzip
der „großen Mutter"   12

Der Leithengst, das männliche Prinzip
des „großen Beschützers"   13

Dominanz – Überlebensstrategie
oder Unterdrückung?   14

Faktoren der Rangordnung   20

Der Mensch in der Rolle des Leittieres   23

Werden Sie zum Samurai   **27**

Der Ehrenkodex der Samurai   28

Klarheit   29

Entschlossenheit   35

Gelassenheit   38

Verbundenheit   43

Führungskompetenz   49

Der Ort der Begegnung   56

Das Arbeitsviereck   58

Kleine Hilfsmittel   61

Ein paar einfache Grundregeln   69

Verstehen Sie „pferdisch"?   72

Die Körpersignale   74

Der „Knigge" der Pferdesprache   80

Der „Werkzeugkoffer"   82

Freiwilligkeit als oberstes Prinzip   84

Aufmerksamkeit und Präsenz   88

Der Rangniedrigere muss weichen   102

Führpositionen   110

Hengstposition   122

Die höfliche Einladung   134

Folge mir vertrauensvoll   142

Klären, lernen, gymnastizieren im Spiel   150

Wahrnehmung, Intuition und Reflexion 155

Dialog zwischen Mensch und Pferd 156

Selbsterkenntnis 161

Der Weg zur Einheit 164

Gemeinsam wachsen 166

Service 178

Checklisten zum Kopieren 180

Epilog 187

Danksagung 188

Zum Weiterlesen 189

Nützliche Adressen 189

Register 190

Ein Weg der Freiwilligkeit und Freundschaft

Ich möchte Ihnen in diesem Buch den Weg aufzeigen, den ich selbst mit Pferden gegangen bin und der mir persönlich viele Erkenntnisse und Einsichten vermittelt hat. Damals haben diese Erfahrungen mein Verständnis für Pferde wahrhaft revolutioniert. Vielleicht ist es auch für Sie ein gangbarer Weg, der Sie Ihrem Pferd, aber auch sich selbst, ein Stück näher bringt. Inzwischen sind viele meiner Freunde und Seminarteilnehmer darauf gewandelt und einige von ihnen werden Sie in diesem Buch ein Stück begleiten.

Dieses Buch ist eine Fortsetzung und praktische Umsetzung der im ersten Buch „Der Weg mit Pferden – Ein Weg zu mir" gewonnenen Einsichten. Es ist jedoch so in sich geschlossen, dass Sie auch ohne Vorkenntnisse damit arbeiten können.

Das, was ich Ihnen vermitteln möchte, ist keine Methode oder Technik, um das Pferd zum besseren „Funktionieren" zu bringen, auch wenn ich Ihnen im Verlauf dieses Buches einen „Werkzeugkoffer" zur Verständigung mit Pferden mit auf den Weg geben werde. Es geht um viel mehr. Die vorgestellten Grundformen der Kommunikation mit Pferden sind nur ein Medium, um dem Eigentlichen, der tiefen Begegnung von Mensch und Pferd, den Weg zu ebnen. Sie werden erstaunt sein, wie sich Ihr Pferd in diesem Prozess öffnen und verändern wird. So manches Problem wird dabei gelöst, ohne konkret daran gearbeitet zu haben. Ganz gleich, welcher Art die Konflikte zwischen Ihnen und Ihrem Pferd sein mögen, auf dem hier aufgezeigten Weg wird eine Entwicklung in Gang gesetzt hin zu einem freieren, unkomplizierten Umgang mit dem Pferd auf der Basis von Vertrauen, Dominanz und Freundschaft. Der Schlüssel dazu sind Sie selbst.

Moderne Arbeitsweisen aus dem Persönlichkeitstraining, wie zum Beispiel Übungen und Spiele aus dem NLP (neurolinguistisches Programmieren), dem mentalen Training sowie Körper- und Energiearbeit werden in diesem Buch mit den Arbeitsweisen aus dem Dominanztraining mit Pferden kombiniert. In Schritt-für-Schritt Anleitungen werde ich Sie begleiten und Ihnen zur Seite stehen. Die wichtigsten Praxiselemente sind zusätzlich noch in Checklisten zusammengefasst, die Sie heraus-

trennen oder kopieren können. So haben Sie das Wichtigste für die praktische Arbeit mit dem Pferd stets zur Hand.

Darüber hinaus ist es ein Weg der Bewusstwerdung, ein befreiender Weg zu mehr Selbstbewusstsein, Klarheit, innerer Freiheit und Lebensfreude. Gut möglich, dass die in der Beziehung zu Ihrem Pferd gemachten Erfahrungen später auch in andere Lebensbereiche einfließen werden.

Vielleicht wird es Ihnen so wie mir gehen, und Sie werden wie ich durch diese Art der Begegnung mit Pferden erkennen, dass Sie sich in Bezug auf die Pferde aber auch auf das Leben im Allgemeinen bisher mit viel zu wenig zufrieden gegeben haben. Doch jetzt ist der Moment gekommen, an dem es in Ihrer Macht steht, die Fülle des Lebens wieder mit ganzer Intensität zu erleben und in Besitz zu nehmen.

Susanne Schwaiger

„Nur der Liebende ist mutig,
  nur der Genügsame ist großzügig,
  nur der Demütige ist fähig zu herrschen."

LAOTSE

FÜHREN HEISST DER GEMEINSCHAFT DIENEN

Die Herde, ein streng hierarchisches Gesellschaftssystem 11

Die Leitstute, das weibliche Prinzip der „großen Mutter" 12

Der Leithengst, das männliche Prinzip des „großen Beschützers" 13

Dominanz – Überlebensstrategie oder Unterdrückung 14

Faktoren der Rangordnung 20

Der Mensch in der Rolle des Leittieres 23

Führen heißt der Gemeinschaft dienen

Um unsere Pferde in ihrer wahren Natur verstehen zu können, ist es für uns Menschen notwendig, uns mit ihrer Welt auseinander zu setzen. Die Welt bewusst mit den Augen der Pferde, aus ihrer Perspektive zu betrachten.

Wir rücken ab von der häufig anzutreffenden menschlichen Vermessenheit, die davon ausgeht, dass das Pferd sich nach unseren Vorstellungen und Erwartungen zu richten hat und es im Umgang mit uns lernen muss, unsere Welt zu verstehen und darin zu funktionieren.

Die Bereitschaft, sich der Welt der Pferde zu öffnen, ist der erste Schritt, um Pferden näher zu kommen.

Diese Bereitschaft umzudenken ist der erste Schritt, um Pferden näher zu kommen, der erste, unerlässliche Schritt um Freiwilligkeit, Harmonie und Freundschaft mit Pferden erfahren zu können.

Wir lernen, wie Pferde in ihrem natürlichen Umfeld leben, wie sie untereinander kommunizieren, was aus der Sicht des Pferdes von Bedeutung ist. Vieles mag Ihnen da bereits bekannt vorkommen. Stöhnen Sie also bitte nicht gleich missmutig auf, wenn das Nachfolgende für Sie nichts weltbewegend Neues ist. Sehen Sie es bitte als „Update" Ihres bereits vorhandenen Wissens und als Einstimmung auf die Begegnung mit Pferden.

Dieses Wissen um die Welt der Pferde ist für unsere praktische Arbeit mit Pferden von größter Wichtigkeit, denn durch das Verständnis ihrer Welt treten wir ein in ein neues Bewusstsein den Pferden gegenüber, schaffen Raum für eine neue, offene, klare Beziehungsebene auf der Basis gegenseitigen Verstehens, des Vertrauens, der Freiwilligkeit und der Einheit. Unsere Handlungen werden sich an den natürlichen körpersprachlichen Ausdrucksformen der Pferde und ihren Herdenritualen orientieren. Diese Bausteine einer gemeinsamen Sprache dienen uns nachfolgend als Einstieg in den Dialog mit Pferden.

Die Herde, ein streng hierarchisches Gesellschaftssystem

Pferde leben in ihrer natürlichen Lebensweise in sozialen Zusammenschlüssen. Diese sozialen Zusammenschlüsse bezeichnen wir als Herde. Die Herde bietet dem Einzelnen Schutz und Geborgenheit und sichert so das Überleben einzelner Individuen, aber auch das des ganzen Verbandes. Herden sind sehr straff organisiert und hierarchisch aufgebaut. Jedes Tier kennt seinen Platz in der Rangordnung und selbst, wenn es in der Herdenhierarchie auf der untersten Stufe steht, so bietet ihm die Herde Sicherheit vor Raubtieren und anderen Gefahren. Ein Pferd fühlt sich demnach so lange sicher, so lange es seinen Platz in der Rangordnung kennt und ausfüllen kann. Es ist keinesfalls das Bestreben eines jeden Pferdes, im menschlichen Verständnis „Karriere" zu machen und möglichst weit nach oben in der Hierarchie aufzusteigen. Auch hier sind wir gefordert, unsere menschliche Sichtweise zu relativieren. Ein rangniedriges Tier erlebt sich nicht zwangsläufig als Versager. Der Platz an der Spitze einer Herde ist nicht für jedes Herdenmitglied begehrenswert. Denn als Leittier ist es ständig gefordert, trägt die volle Verantwortung über Gedeih und Verderb der Herde und hat stets aufmerksam und wachsam zu sein. Es bedarf schon einer Fülle ganz besonderer Eigenschaften, um als Leittier qualifiziert zu sein. Leittier sein bedeutet auch gleich-

Die Herde bietet dem Einzelnen Schutz und Geborgenheit.

sam im Sinne der Gemeinschaft zu handeln und bedingungslos dem Ganzen zu dienen. Die Führungspersönlichkeiten einer Herde sind die Leitstute und der Leithengst, die unterschiedliche Aufgaben zu erfüllen haben. Sie merken schon, ich spreche nicht mehr von Leittieren, sondern bewusst von Führungspersönlichkeiten, denn wie wir später noch erleben werden, kann auch der Mensch diese Positionen ausfüllen, sofern er bereit ist, die in ihm bereits vorhandenen Führungsqualitäten zu aktivieren und umzusetzen.

Die Leitstute, das weibliche Prinzip der „großen Mutter"

Die Leitstute ist meist eine ältere, erfahrene Stute mit starkem Durchsetzungsvermögen und großem Selbstbewusstsein. Ihr äußeres Erscheinungsbild ist oft eher unscheinbar, sie besticht durch andere Qualitäten. Ihre Aufgabe ist es, die Herde anzuführen, wo sie ist, ist vorn, sie weiß, wo es langgeht und geht unbeirrbar ihren Weg. Sie verkörpert deutliche Führungsqua-

Von der Leitstute können wir lernen, dass Führen in erster Linie Dienen bedeutet.

litäten wie Klarheit, Selbstsicherheit, Beständigkeit, Souveränität, Besonnenheit, Vertrauenswürdigkeit und Verantwortungsbewusstsein. Sie trägt die Verantwortung für das Wohlergehen der Herde. Die Leitstute verkörpert das weibliche Prinzip der „großen Mutter". Sie ist die oberste Führungsinstanz. Sie trägt souverän und demütig die Last der Verantwortung. Von ihr können wir lernen, dass Führen in erster Linie Dienen bedeutet. Die Leitstute stellt sich bedingungslos und ohne sich zu schonen in den Dienst der Herde.

Der Leithengst, das männliche Prinzip des „großen Beschützers"

Der Leithengst besticht bereits rein äußerlich durch seine imposante Erscheinung. Er verkörpert Kraft, Stärke, Mut, besitzt einen starken Durchsetzungswillen und zeigt ein hohes Maß an Führungsanspruch. Er strahlt Überlegenheit, Klarheit, Selbstsicherheit, Entschlossenheit und Stärke aus. Zu seinen Aufgaben gehört es, die Herde zusammenzuhalten, Nachzügler voranzu-

Vom Leithengst können wir lernen, mutig, klar und entschlossen zu handeln.

treiben, Junghengste zu trainieren, mit Rivalen zu kämpfen und die Herde gegen Angreifer zu verteidigen. Er allein ist berechtigt, die Stuten seiner Herde zu decken und so für Nachkommen zu sorgen. Ein Prozess der natürlichen Auslese, in dem sich nur die Stärksten fortpflanzen. Der Leithengst entspricht dem archaischen männlichen Prinzip des „großen Beschützers". Er stellt seine Kraft und Wachsamkeit bedingungslos in den Dienst der Herde. Von ihm können wir lernen, mutig, klar und entschlossen zu handeln und alles zu tun, damit das uns anvertraute Pferd sich beschützt und sicher geführt fühlt.

Dominanz – Überlebensstrategie oder Unterdrückung?

Über „Dominanz", was so viel bedeutet wie über andere zu herrschen, Führung zu übernehmen, wurde in der Vergangenheit viel diskutiert. Für die einen war es ein Allheilmittel, die anderen wiederum sahen darin die totale Unterdrückung des Pferdes. Auch die Vorstellungen darüber, wie dominiert wird, gehen weit auseinander.

Betrachten wir doch einmal, wie Pferde untereinander mit Dominanz umgehen. Wer dominiert wen, wodurch und warum?

In der Pferdeherde gibt es keine Demokratie. Die Entscheidungen werden allein von den Leittieren getroffen, der Rest der Herde folgt unmittelbar und bedingungslos. Das ist für eine Pferdeherde überlebensnotwendig. Denn stellen Sie sich vor, der Leithengst nimmt eine Bedrohung wahr, der nur durch Flucht zu entgehen ist. Wäre die Herde nun demokratisch organisiert, müsste über Flucht oder nicht Flucht erst einmal diskutiert, abgestimmt und dann per Mehrheitsbeschluss eine Entscheidung getroffen werden. Diese Vorstellung mag uns sehr amüsant erscheinen, für Pferde wäre sie tödlich. Es ist somit eine Überlebensstrategie, innerhalb der Herde eine klar definierte Rangordnung zu etablieren, in die sich alle Herdenmitglieder integrieren und diese auch bedingungslos akzeptieren. Es ist demnach bereits in der Natur des Pferdes verankert, Führung zu suchen und sich an klaren Führungspersönlichkeiten zu orientieren. Sie werden sich jetzt vielleicht fragen, wie sich das dann mit sogenannten „Leittieren" verhält, die ja bereits deutlichen Führungsanspruch zeigen. Meiner Erfahrung nach schließen sich auch ranghohe Pferde, oder Leittiere, gerne an, sofern es für sie klar erkennbar ist, dass es sich bei ihrer Bezugsperson um eine echte Führungspersönlichkeit handelt und nicht nur um einen aufgeblasenen „Möchtegern". Sie sehen, wir sind schon mitten im Persönlichkeitstraining.

Dominanz, wie ich sie verstehe, hat nichts, aber auch gar nichts mit Unterdrückung zu tun. Leittiere unterdrücken ihre Herdenmitglieder nicht, wie das Wort „LEIT-tier" schon sagt, sie leiten sie. Pferde haben in der Regel vor ihren Leittieren auch keine Angst, sondern bringen ihnen Respekt und vollstes Vertrauen entgegen. Denn nur wer dominiert wird geliebt.

Ranghöher oder rangniedriger?

Ein Pferd strebt danach, seine Artgenossen, wie auch uns Menschen, in seine Rangordnung einzustufen. Es gibt demnach nur die Möglichkeit vom Pferd als ranghöher oder rangniedriger als es selbst eingeordnet zu werden. Diese Einordnung hat weit reichende Konsequenzen für das Zusammensein mit Pferden. Hat es sein Gegenüber als ranghöher als es selbst anerkannt, schafft das zugleich eine stabile Vertrauensbasis. Das Pferd fühlt sich im Zusammensein mit diesem Ranghöheren sicher und wird stets einen Teil seiner Aufmerksamkeit auf diesen richten. So kann man häufig beobachten, dass im Falle einer Flucht das ranghöchste Tier nicht erst seine Artgenossen auf sich aufmerksam machen muss, sondern alle bereits beim ersten Aufwerfen seines Kopfes alarmiert sind und ebenfalls ummittelbar zur Flucht ansetzen. Akzeptiert ein Pferd einen Menschen als „Leittier", so wird es sich ihm vertrauensvoll anschließen, ihm überall hin folgen und auf jede seiner Bewegungen achten. Es wird

Vor ein paar Jahren erlebte ich mit meinem Pferd „Bon Jour" einen wahren Albtraum. Auf einem Ausritt durch das Donaumoos schlug ich einen Weg ein, den ich bis dahin noch nicht kannte. Der Weg endete an einem Entwässerungsgraben, und so blieben mir nur zwei Möglichkeiten: Entweder umzukehren und den ganzen Weg zurück zu reiten oder auf einem schmalen, ca. fünfzig Meter langem Grasstreifen zwischen Graben und Büschen entlang zum nächsten Weg zu reiten. Fatalerweise entschied ich mich für den schmalen Grasstreifen. Bon Jour zögerte, er wäre lieber zurück, fügte sich aber meiner Anweisung. Wir hatten gerade etwa die Hälfte der Strecke passiert, da brach Bon Jour mit allen Vieren bis zum Bauch durch die von langen Regenfällen völlig aufgeweichte Grasnabe durch. Entsetzt versuchte er sich zu befreien, doch der Boden gab überall wieder nach. Zu allem Unglück hatte er sich bei seinen Befreiungsversuchen mit einem Vorderbein in den Zügeln verhängt. Jeder weitere Versuch aufzuspringen hätte ihm große Schmerzen bereitet. Er war nahe daran völlig in Panik zu geraten. Inzwischen war ich aus dem Sattel gesprungen, redete beruhigend auf ihn ein. Jetzt hieß es Nerven behalten und Führungsqualitäten zeigen. Ich signalisierte Bon Jour, der bis zum Bauch noch immer im Morast steckte, liegen zu bleiben und versuchte, den unter Spannung stehenden Zügel aufzuschnallen. Bon Jour wurde völlig ruhig, lag regungslos da und vertraute darauf, dass ich ihn aus seiner misslichen Lage befreien würde. Als ich die Zügel geöffnet und entwirrt hatte, machte ich einen Schritt rückwärts und munterte ihn auf, mit aller Kraft aufzuspringen und mir zu folgen. Es gelang ihm mit viel Kraft, sich aus der Gefahrenzone zu befreien. Wieder auf festem Boden blieb er ruhig neben mir stehen, ich legte ihm die Zügel wieder um den Hals und stieg auf. Jetzt erst spürte ich, dass mir der Schreck gewaltig in den Gliedern saß. Es wäre sicher ein Fiasko geworden, wäre Bon Jour in Panik geraten. Doch selbst in einer derartig prekären Situation orientieren Pferde sich an ihren Leittieren. Spätestens bei solchen Anlässen zahlt sich die Dominanzarbeit mit Pferden aus, hier zeigt sich, ob das Pferd tatsächlich Vertrauen zum Menschen hat.

sich auch in Gefahren- oder Konfliktsituationen stets an seinem zweibeinigen „Leittier" orientieren. Ganz gleich, ob es sich ums Verladen handelt oder um das Passieren einer lautstarken Blaskapelle, solange das „Leittier" Führungsqualitäten zeigt, wird ihm das Pferd ruhig und gelassen folgen. Das Pferd wird auf ihn und jede seiner Bewegungen achten und die für seine körperliche Unversehrtheit notwendige räumliche Distanz einhalten. Das heißt zum Beispiel nie mehr tonnenschwere Pferdehufe auf zarten Menschenfüßen, oder hinterrücks überrannt oder angerempelt zu werden.

Stuft ein Pferd seine Bezugsperson hingegen als rangniedriger als es selbst ein, so wird es in Gefahren- oder Konfliktsituationen immer der eigenen Interpretation der Situation folgen. Es wird unter Umständen rücksichtslos seinem Fluchtimpuls nachgeben oder sich zur Wehr setzen. Den Menschen an seiner Seite wird es dabei überhaupt nicht mehr wahrnehmen. Viele Unfälle mit Pferden liegen wohl darin begründet.

Problempferde – Wer dominiert wen?

Im Zuge meiner Arbeit mit Menschen und Pferden wurden mir auch so genannte Problempferde vorgestellt. Meiner Erfahrung nach ist zum Glück nur ein sehr geringer Teil der als Problempferde bezeichneten Pferde wirklich schwierig oder psychisch gestört. In den allermeisten Fällen handelte es sich um ein Ver-

Manchmal hört ein Pferd einfach auf ein Problempferd zu sein, nachdem seine Bezugsperson etwas an sich selbst verändert.

ständigungsproblem zwischen Mensch und Pferd oder das Pferd hatte aufgrund schlechter Erfahrungen das Vertrauen zum Menschen verloren und weigerte sich zu „funktionieren". Oftmals fand das Pferd in seiner Bezugsperson nicht die klare, starke, gefestigte Persönlichkeit, die es als „Leittier" akzeptieren konnte. Die meisten Konflikte zwischen Mensch und Pferd wurden durch Missverständnisse ausgelöst. Faszinierenderweise verloren sich viele Schwierigkeiten und Untugenden ganz automatisch im Laufe des Persönlichkeitstrainings mit Pferden, ohne dass wir im Detail daran gearbeitet hätten, sozusagen als Nebenprodukt eines Entwicklungsprozesses von Mensch und Pferd.

Sollten Sie sich in ein schwieriges Pferd verliebt haben, es vielleicht sogar Ihr eigen nennen, so bitte ich Sie, sich fachkundigen Rat einzuholen, bevor Sie alleine die Übungen aus Kapitel 5 „Der Werkzeugkoffer" mit Ihrem Pferd machen. Wenn wir uns auf die Körpersprache der Pferde einlassen, ihre Herdenrituale nachvollziehen, wird uns das Pferd auch wie einen Artgenossen behandeln. Erachtet uns das Pferd zum Beispiel als rangniedriger als es selbst, wird es unter Umständen unsere Annäherung mit einer Drohgebärde oder einem offenen Angriff beantworten. Es bedarf einiger Erfahrung, innerer Stärke und Gelassenheit, um mit sehr dominanten, schwierigen oder gar bösartigen Pferden zu arbeiten. Überlassen Sie die Basisarbeit in solchen Fällen bitte einem Fachmann oder einer Fachfrau. Ist erst wieder eine gute Basis der Zusammenarbeit mit dem Pferd etabliert, können Sie, ausgerüstet mit dem „Werkzeugkoffer", dann selbst „in den Ring" steigen. Sie werden erstaunt sein, wie schnell sich Ihre Beziehung zum Pferd verändern wird, nachdem Sie begonnen haben, sich der Übungen aus dem „Werkzeugkoffer" zu bedienen. Von Vorteil ist es natürlich, wenn Sie für sich persönlich bereits einiges mit Hilfe des ersten Buches „Der Weg mit Pferden – Ein Weg zu mir" geklärt haben. Denn es geht in diesem Praxisbuch nicht um eine Methode, die einfach erlernt und dem Pferd übergestülpt wird, sondern es geht um die Entfaltung und Bewusstwerdung zweier Persönlichkeiten – Ihrer und der Ihres Pferdes.

Manchmal hört ein Pferd ganz einfach auf ein Problempferd zu sein, nachdem seine Bezugsperson an sich selbst etwas verändert hat.

Konditionieren ist nicht gleich dominieren

Im nahe gelegenen Reitstall lernte ich zwei junge Frauen, Miriam und Pia, beide im Alter von ca. 19 Jahren kennen. Beide hatten dort ihre Pferde untergebracht. Sehr oft gingen die beiden Frauen mit ihren Pferden im Donaumoos spazieren. Dabei mussten sie immer an meinem Haus vorbei. Es war interessant zu beobachten, wie unterschiedlich die beiden ihre Pferde führten. Miriam hatte ihr Pferd am langen durchhängenden Arbeitsseil, zwischen Pferd und Mensch ein Abstand von gut eineinhalb Metern. Pia führte Ihr Pferd mit einer Führkette über der Nase, lief dicht am Pferd und hatte in der linken Hand eine lange Dressurgerte. Wollten die Frauen anhalten, so ruckte Pia leicht an der Führkette und versperrte mit der hochgehaltenen Gerte dem Pferd den Weg. Es blieb brav stehen und erhielt dafür eine Belohnung. Bei Miriam funktionierte es anders. Sie blieb einfach stehen und das Pferd mit ihr. Das war alles. Als die beiden wieder einmal an meinem Haus vorbeikamen, wurden sie mit lautem Getöse von einem Mähdrescher überholt. Beide Pferde scheuten, Miriams Pferd machte einen Satz nach vorn und blieb dann mit hoch aufgerichtetem Hals, weit aufgerissenen Augen und vor Aufregung bebend neben Miriam stehen. Pias Pferd hingegen brach zur Seite aus, Pia wurde dabei mitgerissen, stolperte, und hätte sie den Führstrick nicht losgelassen, wäre sie von ihrem wild davon stürmenden Pferd wahrscheinlich mitgeschleift worden. Passiert ist zum Glück nichts, aber es hat wieder einmal deutlich den Unterschied zwischen Konditionierung und Dominanz gezeigt. Miriams Pferd hat sich an seinem gelassen bleibenden „Leittier", nämlich Miriam, orientiert und war trotz seiner Angst bei Miriam geblieben, während Pias Pferd die Führung selbst übernahm und sein Heil in der Flucht suchte. Pia existierte in diesem Moment für das Pferd gar nicht.

Nach dem Prinzip von Lob und Strafe kann man Pferden bestimmte Verhaltensweisen antrainieren. Man spricht dann von Konditionierung. Das Pferd muss keinen Sinn hinter der gewünschten Verhaltensweise erkennen, es führt die Kommandos aus, um dafür belohnt zu werden oder Strafe zu vermeiden. Im Übrigen ist das Ausbleiben von Lob auch eine Bestrafung. Die Bezugsperson, die das Pferd konditioniert hat, ist für das Pferd relativ unbedeutend. In den meisten Fällen kann das erlernte Verhalten auch von anderen Personen abgefordert werden, gegen Belohnung versteht sich.

Ein Pferd zu dominieren bedeutet, dass das Pferd von sich aus den Menschen als ranghöchste Persönlichkeit anerkennt und sich freiwillig dieser Person anschließt. Es wird dann sein Verhalten stets nach dieser Person ausrichten. Spezielles Lob oder Belohnung sind hierfür nicht erforderlich. Der Lohn für das Pferd ist sozusagen die Erlaubnis, sich dieser ranghöchsten Persönlichkeit anschließen zu dürfen. In der Arbeit mit Pferden verzichte ich anfangs grundsätzlich auf Belohnungen in Form von Futter, um zu zeigen, dass diese Art des Umgangs mit Pferden auf einer ganz anderen Ebene stattfindet, jenseits von Belohnungen und Strafreizen. Sie werden es selbst erleben, Sie brauchen weder Leckerlis noch einen Clicker, um eine wunderbare harmonische Beziehung zu Ihrem Pferd aufzubauen.

Faktoren der Rangordnung

Ich gehe nun einfach von der These aus, dass auch Sie von Ihrem Pferd geliebt, zumindest gemocht werden möchten, was, wie eingangs erwähnt, dann der Fall sein wird, wenn Sie Ihr Pferd dominieren, Sie die ranghöchste Position Ihrem Pferd gegenüber einnehmen. An diesem Punkt gibt es wohl sehr viele Missverständnisse und überholte Vorstellungen. Dominanz hat nichts mit Gewalt und Unterdrückung zu tun, obgleich es leider viele Menschen gibt, die noch immer glauben, gerade damit ein Pferd beherrschen zu können. Dominieren, sprich führen, hat mit ganz bestimmten Fähigkeiten und Eigenschaften zu tun, die wir in den nachfolgenden Kapiteln noch eingehend betrachten werden.

Nur der „Pöbel" schlägt sich

Schauen wir uns doch mal an, wie Pferde Dominanz untereinander regeln. Wie wird die Rangordnung festgelegt, was macht eine Stute zur Leitstute, was einen Hengst zum Leithengst? In vielen Köpfen spukt noch immer die Vorstellung herum, dass Pferde ständig miteinander kämpfen, beißen, schlagen, und derjenige mit den gewaltigeren „schlagenden" Argumenten in

der Hierarchie aufsteigt. Bei genauerer Betrachtung von Pferden stellen wir etwas anderes fest: „hufgreifliche" Auseinandersetzungen sind eher selten, und es geht dabei in der Regel um rangniedrige Plätze. Man könnte lästerlich behaupten, nur der „Pöbel" schlägt sich. Eine Ausnahme ist dabei der Leithengst, der zum einen die Herde schlagkräftig gegen Eindringlinge und Raubtiere zu schützen hat, und zum anderen seine Stuten auch manchmal gegen Rivalen verteidigen muss. Er erwirbt sich seinen Status als Leithengst durch siegreiche Auseinandersetzungen mit seinen Rivalen. Hier wird auch tatsächlich auf höchster Ebene gekämpft. Doch nicht nur Kraft und Kampfgeist machen ihn zum Leithengst, vor allem auch eine starke, klare Persönlichkeit, Ausstrahlung, Willenskraft und Intelligenz.

Geprügelt wird meist nur um die „billigen" Plätze.

Die Leitstute erbt meist den hohen Rang ihrer Mutter. Bis sie aber selbst zur Leitstute wird, ist es ein langer Weg, denn Leitstute sein bedeutet, Verantwortung für die Herde übernehmen, Erfahrung besitzen, sich seiner selbst absolut sicher sein. Die Leitstute zeichnet sich ihrerseits ebenfalls durch eine starke Persönlichkeit und Ausstrahlung aus, sie ist erfahren und besonnen, zeigt einen starken Willen und hat eine beachtliche Durchsetzungsfähigkeit.

Von den Hengstkämpfen abgesehen kann man sagen, je weiter oben in der Herdenhierarchie angesiedelt, desto subtiler wird die Rangordnung festgelegt. Auf „höchster Ebene" entscheidet natürliche Autorität, welche die kämpferische Auseinandersetzung überflüssig macht. Bei diesen Betrachtungen gehe ich davon aus, dass alle Mitglieder der Herde ein ihrer Art entsprechendes Sozialverhalten gelernt haben. Bei Weidegruppierungen von Reitpferden läuft es häufig anders ab. So konnte ich zum Beispiel beobachten, wie ein großer Fuchswallach sehr aggressiv und gewalttätig die Herde beherrschte, „aufmüpfige" Herdenmitglieder in eine Ecke der Weide trieb und sie dort regelrecht verprügelte, und zwar ungeachtet der Tatsache, ob es sich dabei um eine Stute oder einen anderen Wallach handelte. Vermutlich fehlte diesem Pferd ein gesundes Sozialverhalten oder es gab den Druck und Frust, den es im Umgang mit Menschen erlebte, einfach an seine Artgenossen weiter. Das klingt ja schon beinahe menschlich, oder nicht?

Warum Pferde schlechte Diplomaten sind

Pferde sind taktlos ehrlich.

Pferde kommunizieren im Wesentlichen über Körpersprache, darin sind sie wahre Meister. Sie teilen sich mit, indem sie bestimmte Positionen zueinander einnehmen, ihre Körperhaltung verändern oder sich durch Mimik und Gestik ausdrücken. So genügt oft nur eine leise Drehung des Ohres, um dem anderen eine unmissverständliche Botschaft mitzuteilen. Pferde drücken durch ihre Körpersprache klar aus, was in ihnen vorgeht. Absicht und körperlicher Ausdruck sind bei Pferden kongruent, sprich deckungsgleich, identisch. Das Pferd wird sich demnach stets seiner Persönlichkeit, seiner Absichten und Motive gemäß ausdrücken. Es bleibt sich stets selbst treu, ist authentisch. Von unseren Pferden werden wir immer sehr klare Signale erhalten. Doch wie verhält sich das mit uns Menschen? Wir drücken nicht immer genau das aus, was wir meinen. Der positive Aspekt dieser Eigenschaft ist Taktgefühl, Rücksicht auf die Gefühle anderer und diplomatisches Geschick. Weniger positiv hingegen sind Verlogenheit, Angepasstheit, Mangel an Zivilcourage, Angst vor Missbilligung und Strafe, Egoismus, Mangel an Selbstvertrauen, Hinterhältigkeit, Missgunst und vieles mehr. Es mag in unserer Menschenwelt durchaus sinnvoll und positiv sein, nicht gleich „mit der Türe ins Haus zu fallen" und so unsere innere Überzeugung offen nach außen sichtbar zu machen. Pferden ist dieses Verhalten allerdings unverständlich. Pferde sind meist keine guten Diplomaten. Dafür sind sie sehr ehrlich. Mit dem Pferd in Dialog zu treten bedeutet zurückzufinden zu Klarheit, Authentizität und Kongruenz. Ganz einfach ausgedrückt heißt das, wir lernen, unsere Absichten klar nach außen hin sichtbar zu machen. Wir drücken das aus, was wir sind und meinen.

In der Begegnung mit Pferden werden Sie feststellen, dass Ihr Pferd Ihnen deutlich zeigt, was Sie selbst durch Ihre Körperhaltung und Ihre Körpersprache ausdrücken, sogar Ihre mentale Einstellung und Ihre Gefühle werden durch Ihr Pferd klar widergespiegelt. Sie werden sich darin selbst mit all Ihren Fähigkeiten, Eigenschaften, Ängsten und Unsicherheiten erfahren, um sich dann von alten Begrenzungen zu lösen und Ihre wahre innere Stärke und Kraft zu entdecken.

Der Mensch in der Rolle des Leittieres

Haben Sie sich schon mal darüber Gedanken gemacht, was Ihr Pferd eigentlich von Ihnen erwartet? Irritiert Sie diese Frage?

Was glauben Sie erwartet Ihr Pferd von Ihnen?

Mein Pferd erwartet von mir:

1 _____

2 _____

3 _____

4 _____

5 _____

Neben Futter, Zuwendung usw. erwartet Ihr Pferd von Ihnen auch etwas, das oft übersehen und nicht wahrgenommen wird. Es erwartet von Ihnen, dass Sie die ranghöchste Stufe einnehmen und dass es sich Ihnen wie einer Leitstute oder einem Leithengst bedingungslos anvertrauen kann, sodass es durch Sie Sicherheit und Schutz erfährt. Das ist eine hohe Anforderung an uns Menschen, denn die Ansprüche eines Pferdes an ein wahrhaftiges Leittier sind sehr hoch. Pferde haben eine ganz besondere Gabe, sie können zwischen Sein und Schein sehr gut unterscheiden und prüfen ihre Bezugspersonen ganz genau. Es nutzt also nichts, nur so zu tun als ob, wir müssen es tatsächlich sein, mit allem was wir sind und in jedem Augenblick. Es erfordert von uns Präsenz, Wachsamkeit, Bewusstheit und vieles mehr. Indem Sie Ihre Führungsqualitäten entwickeln, innerlich frei und authentisch werden, wird das Pferd in Ihnen sein Leittier erkennen, Ihnen bedingungslos folgen im absoluten Vertrauen.

Unser Ansporn wird nun sein, unsere eigenen Führungsqualitäten zu aktivieren und uns zu der Persönlichkeit zu entwickeln, deren Keim bereits in uns steckt. Wir werden für das Pferd Leitstute und Leithengst gleichermaßen repräsentieren und so eine umfassende Führungspersönlichkeit verkörpern. Doch nicht nur für uns Menschen ist das ein Weg zur Entfaltung unseres verborgenen Potenzials, durch die Sicherheit und Geborgenheit, die das Pferd im Zusammensein mit uns erfährt, wird auch das Pferd sein wahres Potenzial entfalten können. Sie werden staunen, wie sehr Ihr Pferd an Schönheit und Ausdruck gewinnt.

Die drei Säulen der Dominanz

Auf drei Säulen werden wir in diesem Buch Dominanz aufbauen. Als stabiles Fundament dient uns unsere positive Lebenseinstellung, unsere aktivierte unbändige Lebensfreude, unsere heitere Gelassenheit und die in jedem von uns schlummernde frenetische Begeisterung, Neues erfahren und lernen zu dürfen. Finden Sie ich übertreibe? Warten Sie ab, bis Sie selbst vom Strudel der Erlebnisse und Erkenntnisse mitgerissen werden. Die tragenden Säulen unserer Dominanz werden die im Kapitel

„Der Werkzeugkoffer" beschriebenen körpersprachlichen Ausdrucksformen und Herdenrituale der Pferde sein, unsere Entwicklung hin zu einer freien, authentischen Persönlichkeit und
den Führungsqualitäten Klarheit, Entschlossenheit, Gelassenheit und Verbundenheit und nicht zuletzt unsere Bereitschaft,
offen den Pferden zu begegnen, ihnen zuzuhören und uns
selbstkritisch zu betrachten.

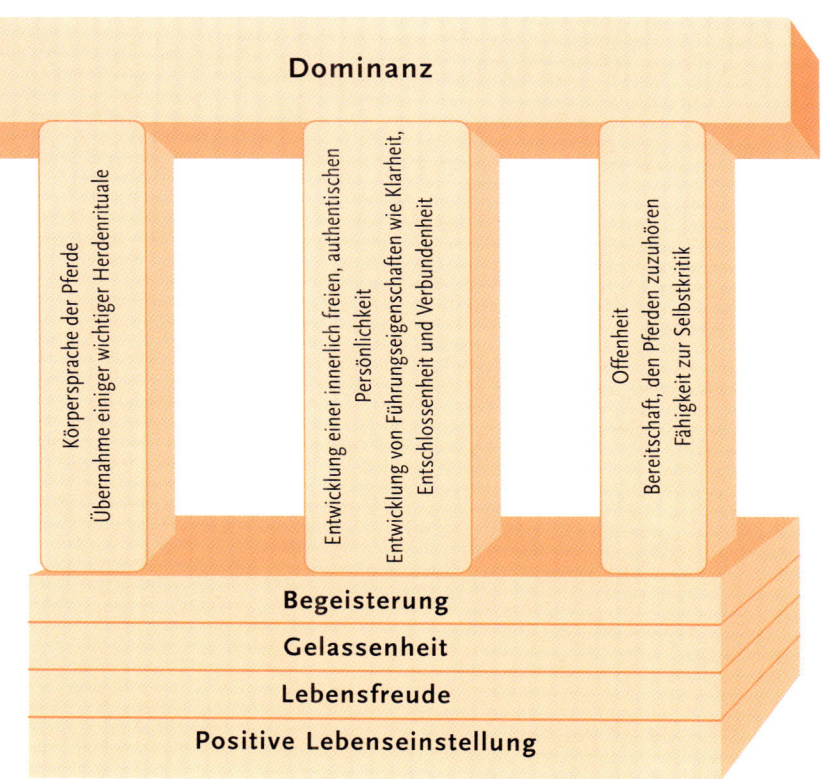

Im Übrigen ist Dominanz kein Zustand, der, wenn einmal her-
gestellt, für immer Gültigkeit besitzt. Dominanz wird in jedem
Moment, den wir mit Pferden teilen, neu entwickelt, bestärkt
oder in Frage gestellt. Dominanz ist kein Zustand, sondern ein
lebendiger, fließender Prozess.

„*Ein bescheidenes Selbst zu werden,
ist unendlich mehr als ein bedeutendes Ich.*"

KURT TEPPERWEIN

WERDEN SIE ZUM SAMURAI

Der Ehrenkodex der Samurai 28

Klarheit 29

Entschlossenheit 35

Gelassenheit 38

Verbundenheit 43

Führungskompetenz 49

Der Ehrenkodex der Samurai

In allen Kulturen gab und gibt es besonders herausragende Gruppierungen, die nach ganz bestimmten Regeln, einem Ehrenkodex, handeln. In Japan gab es vor ca. achthundert Jahren eine bemerkenswerte, äußerst erfolgreiche und mächtige Kriegerklasse, die Samurai. Sie lebten nach einem strengen Sittenkodex, dem Bushido, was so viel bedeutet wie „der Weg des Kriegers". Doch die Samurai waren ganz besondere Krieger, sie waren die damalige Führungselite Japans. Sie zeichneten sich durch herausragende Fähigkeiten auf körperlicher, geistiger und seelischer Ebene aus. Sie galten als aufrichtige, faire und mutige Kämpfer, die sämtliche Kampfkünste zur Perfektion beherrschten und Fähigkeiten besaßen, die sie nahezu unbesiegbar machten. Zur Ausbildung des Samurai, nach den Gesetzen des Bushido, gehörte neben dem Erlernen der Kampfkünste schwerpunktmäßig die Persönlichkeitsentwicklung. Ja, Sie werden lachen, aber bereits vor achthundert Jahren gab es in gewissem Sinne Persönlichkeitstrainer. Bei dieser Ausbildung ging es vor allem um die Entfaltung von Tugenden, von Ethik, aber auch um Selbsterfahrung und Selbstfindung. Ein Samurai kämpfte nur dann, wenn ein Kampf sich nicht vermeiden ließ und alle anderen Möglichkeiten ausgeschöpft waren. Wenn er jedoch sein Schwert zog, dann mit aller Klarheit und Entschlossenheit, verantwortungsbewusst, stets seinem Gegner Achtung und Wertschätzung erweisend. Zu seinen hervorragenden Tugenden, und das sind auch unbestrittene Führungsqualitäten, gehören Rechtschaffenheit, Kampfgeist, Lernbereitschaft, Kommunikationsfähigkeit, Selbstachtung, Integrität, Mut, Ehre, Zuverlässigkeit, Verantwortungsbewusstsein, Bescheidenheit, Zufriedenheit und Ehrgefühl.

Einige Elemente aus dem Ehrenkodex der Samurai möchte ich hier herausgreifen und in die Begegnung mit Pferden integrieren. Kämpfen werden wir dabei mit unseren Pferden sicher nicht, aber wir werden unsere Führungsqualitäten aktivieren und unsere innere Haltung nach dem Ehrenkodex der Samurai ausrichten. In jedem von uns steckt ein Samurai, auch in Ihnen. Haben Sie mit Ihrem inneren Samurai schon Bekanntschaft gemacht?

Klarheit

▨ Werden Sie klar und wesentlich

Wie bereits erwähnt stimmen bei Pferden körperlicher Ausdruck und innere Absicht überein. Bei uns Menschen ist das nicht immer so selbstverständlich. Wir haben einen feinen Sensor, der uns ein ungutes Gefühl vermittelt, wenn eine Diskrepanz zwischen Ausdruck und Absicht besteht. Wenn zum Beispiel eine geschlagene Konkurrentin Ihnen lächelnd zu Ihrem Turniererfolg bei der Vereinsmeisterschaft gratuliert, und Sie dabei ein sonderbares Gefühl haben, so liegt das unter Umständen daran, dass Sie neben den bewusst wahrgenommenen Worten auch unbewusst ihre abweisende Körperhaltung, die kalten, nicht lächelnden Augen und den herablassenden Ton in ihrer Stimme registriert haben.

Pferde sind diesbezüglich noch viel feinsinniger. Sie nehmen selbst kleinste Unsicherheiten im körperlichen Ausdruck wahr und reagieren entsprechend. Unser erster Schritt wird demnach sein, an unserem körperlichen Ausdruck zu arbeiten. Wie sprechen wir mit unserem Körper? Drücken wir tatsächlich das aus, was wir wollen?

Links auf dem Foto sehen wir Heilwig, die klar und gelassen ihren Weg geht. Jeanette (rechts) schlingert leicht beim Gehen und holt mit dem Seil aus, als wollte sie zuschlagen. So eine Geste kann von Pferden leicht als Angriff verstanden werden und eine Flucht- oder Abwehrreaktion auslösen.

Wer hat Vorfahrt? Wer weicht wem aus? Sabine (rechts) nähert sich auf gerader Linie forschen Schrittes, ihre rechte, nach vorn geschobene Schulter blockt Alexandra sehr entschlossen ab. Alexandra (links) stoppt, geht leicht in die Knie, der Oberkörper wird etwas zurückgenommen. Sabine hat die Vorfahrtssituation eindeutig für sich entschieden.

Erinnern Sie sich an das Kapitel über die Leittiere? Ein Leittier gibt klare eindeutige Signale, damit alle Herdenmitglieder wissen, was zu tun ist. Zu dieser Klarheit und Eindeutigkeit wollen wir zurückfinden.

Körpersprache: wie innen so außen, wie außen so innen

Unsere Körperhaltung, die Art, wie wir gehen, unsere Gesten verraten alles über unser Denken, Handeln, Fühlen und Sein. Der Körper drückt das aus, was sich in uns abspielt. Haben Sie große Probleme oder ein angeschlagenes Selbstwertgefühl, so wird ihre Körperhaltung unter Umständen etwas vorn übergebeugt sein, Ihr Gang schleppend. Auch in Zeiten, in denen wir mit vielen Widerständen zu kämpfen haben, neigen wir dazu „gegen den Wind" zu laufen mit gesenkter Stirn, als wollten wir durch eine unsichtbare Wand gehen. Aber auch Freude und Zufriedenheit spiegeln sich in unserem körperlichen Ausdruck. Meist sind wir dann innerlich und äußerlich aufgerichtet und unsere Bewegungen dynamisch, harmonisch und fließend.

Noch deutlicher wird unser innerer Zustand erkennbar, wenn sich sogenannte psychosomatische Krankheiten einstellen. Doch nicht nur von innen nach außen wird gespiegelt, sondern auch von außen nach innen, wie uns folgende Anekdote erläutert:

Philip und Lisa, zwei etwas altkluge Kinder, unterhalten sich über Depressionen. Fragt Philip Lisa: „Weißt du eigentlich, warum depressive Menschen immer den Kopf hängen lassen und schleppenden Ganges dahinschlurfen?" – „Na klar", meint Lisa: „Würden die sich ganz aufrichten und mit kräftigen Schritten durchs Leben gehen, könnten sie ihre Depression nicht richtig genießen."

Wenn wir bewusst unsere Körperhaltung verändern, verändern wir demnach auch unser Lebensgefühl.

Möchten wir vom Pferd als sein „Leittier" akzeptiert werden, muss auch unser körperlicher Ausdruck dazu passen. Falls Sie den ersten Band „Der Weg mit Pferden – Ein Weg zu mir" zur Hand haben, blättern Sie doch mal auf S. 153 und machen, wenn Sie Lust haben, die Marionettenübung. Richten Sie sich zu Ihrer vollen Größe auf und lassen Sie in sich ein Gefühl der inneren und äußeren Aufrichtung entstehen.

Freude und Zufriedenheit drücken sich unmittelbar in unserer Körperhaltung und unseren Bewegungen aus.

Klarheit schafft Vertrauen

Pferde kommunizieren sehr klar und eindeutig durch ihre Körpersprache. Diese Klarheit ist auch Basis für gegenseitiges Vertrauen, denn das Pferd weiß so in jedem Moment, woran es bei seinem Artgenossen ist. Missverständnisse sind unter Pferden wohl eher selten. Klarheit ist eine wichtige Führungseigenschaft. Würden Sie sich jemandem anschließen, ihm Ihr Leben anvertrauen, der im Ausdruck unklar und unsicher ist, und Sie nie so recht wissen, was er eigentlich meint?

Indem wir Menschen anfangen, uns den Pferden gegenüber wieder klar und eindeutig auszudrücken, schaffen wir eine solide Basis der Kommunikation und des Vertrauens.

Bei genauerem Hinsehen fällt auf, dass Manfreds Körpersprache sehr widersprüchlich ist. Er lässt das Arbeitsseil von hinten nach vorn kreisen, geht einen Schritt auf das Pferd zu – das sind vorwärts gerichtete Bewegungen, gleichzeitig nimmt er aber den Oberkörper zurück und knickt in den Beinen ein, was ein Rückweichen signalisiert. Eigentlich wollte er seiner Stute Sissy mitteilen, dass sie vorwärts von ihm weggehen soll. Für Sissy ist das nicht klar erkennbar, deshalb zögert sie. Absicht und Ausdruck stehen im Widerspruch, dies spiegelt sich auch in Sissys Verhalten und ihrer unkoordinierten Körperhaltung. Das Pferd ist durch Manfreds unklare Körpersprache verunsichert.

Hier ist Sissy Manfred zu dicht aufgerückt, und er möchte, dass sie einen Schritt zurückweicht. Wieder haben wir das von hinten nach vorn kreisende Seil, Manfreds Oberkörper ist gerade und er macht einen kleinen Schritt auf Sissy zu. Die Bewegungen gehen alle in Richtung Pferd, was Sissy veranlasst zurückzuweichen. Manfred könnte hier noch etwas mehr Entschlossenheit zeigen, aber Sissy hat ihn verstanden und hält den gewünschten Abstand.

Ute und Rebekka

Wie anspruchsvoll Pferde in Bezug auf Körpersprache sind, erlebte ich bei Ute und ihrer Stute Rebekka.

Ute gibt Rebekka die Laufrichtung vor. Rebekka reagiert widersetzlich und will Ute als ‚Leittier' nicht anerkennen. Schauen wir uns Utes Körperhaltung genauer an, so fällt auf, dass sie vornüber fällt. Der Oberkörper ist gerade, aber insgesamt deutlich vor den Füßen. Es fiel auch auf, dass Ute zuerst mit den Zehen auftrat und dann erst über die Ferse abrollte. Diese Bewegung wirkte rückläufig, widersprach der vorwärtstreibenden Einwirkung. Als wir Ute darauf hin ansprachen, erzählte sie uns, dass sie früher Bodenturnerin war und es ihr als Kind eingetrichtert wurde so zu laufen. Für Rebekka war diese Bewegung ein Widerspruch, und sie weigerte sich Ute zu respektieren.

Ute veränderte daraufhin ihr Gangbild und übte, zuerst mit der Ferse aufzutreten und über die Zehen abzurollen. Der Effekt war verblüffend. Jetzt war eindeutig eine Vorwärtsbewegung erkennbar, die Energie und der Schwung waren vorwärts gerichtet.

Rebekka nahm die Veränderung sofort wahr und fing an, Ute ernst zu nehmen. Sie ließ sich willig von Ute treiben. Rebekka hatte in Ute endlich ihr ‚Leittier' gefunden, das sich klar und eindeutig ausdrückt.

Übung: Klarheit

Wenn Sie einen Partner für diese Übung gewinnen können ist das ganz hervorragend, falls Sie niemanden dafür erwärmen können, stellen Sie sich bitte vor einen großen Spiegel, in dem Sie sich möglichst ganz sehen können. Ihr Spiegelbild wird nun Ihr Partner sein.

Stellen Sie sich Ihrem Partner gegenüber, einen guten Meter voneinander entfernt. Legen Sie fest, wer zuerst mit dem Sprechen beginnt.

Sagen Sie zu Ihrem Partner „Ja", drücken Sie dieses „Ja" klar und eindeutig über Ihre Stimme, Ihre mentale Vorstellung und Ihren körperlichen Ausdruck aus. Stellen Sie sich vor, dass Sie Ihr „Ja" aus Ihrem Körper frei lassen, wie eine Taube, die dann davonfliegt. Nicht ein Quentchen Energie wird dabei zurück gehalten. Lauschen Sie dem „Ja" Ihres Partners ganz genau. Fliegt es zielgerichtet auf Sie zu oder wird es auf halbem Wege wie von einer Marionettenschnur wieder zurückgezogen? Achten Sie beim Sprechen darauf, Ihrem Wort Endgültigkeit und Bestimmtheit zu verleihen. Manchmal klingen „Jas" lang gezogen und werden zu einem „Jaa-ha". Der Sprecher geht dann meist bei der ersten Silbe etwas auf den Partner zu, zieht sich bei der zweiten Silbe aber durch eine Rückwärtsbewegung wieder zurück. Das erweckt den Eindruck, er wolle einen Teil seines „Jas" wieder revidieren.

Wiederholen Sie das „Ja" mindestens zehn bis zwanzig mal. Bitten Sie Ihren Partner um ein ehrliches Feedback. Welche „Jas" kamen klar und eindeutig, welche waren nur Lippenbekenntnisse? Wenn Sie alleine üben, prüfen Sie Ihren eigenen Ausdruck im Spiegel. Nach dem „Ja" üben Sie nun bitte mit einem klaren, eindeutigen „Nein". Wenn Sie Lust haben, experimentieren Sie weiter. Zum Beispiel mit „ich will" oder „ich will nicht". Diese Übung mag Ihnen vielleicht lächerlich vorkommen und so manches „Ja" oder „Nein" wird unter Umständen in einem Lachanfall untergehen, wichtig ist nur, dass Sie anfangen, Ihre eigene Körpersprache klarer wahrzunehmen und beginnen, sie bewusster einzusetzen. Anfangs im Zusammensein mit Ihrem Pferd, später sicher auch im „richtigen" Leben. Menschen mit einer klaren, eindeutigen Körpersprache werden nicht nur von Pferden ernst genommen.

Entschlossenheit

Gehen wir wieder zurück zu unseren Pferdebeobachtungen. Wie verhält sich zum Beispiel der Leithengst, wenn er ein Herdenmitglied zur Gruppe zurücktreiben will? Er wird klar zum Ausdruck bringen, was er möchte, doch das alleine würde wohl kaum genügen. Er muss seinen Vorstellungen auch Nachdruck verleihen. Er wird also sehr entschlossen dem Nachzügler Beine machen und er wird keinen Zweifel offen lassen, dass er es tatsächlich so meint, und dass es ihm damit ernst ist. Entschlossenheit ist somit unsere zweite Führungsqualität. Wir werden das, was wir klar ausdrücken, auch mit Entschlossenheit in die Tat umsetzen. Eng verwandt mit Entschlossenheit ist Konsequenz. Konsequentes, entschlossenes Handeln wird von uns gefordert sein, möchten wir vom Pferd als „Leittier" anerkannt werden. Pferde erkennen sofort, ob es sich bei einem Menschen um eine ernst zu nehmende Persönlichkeit handelt oder nur um einen „Dampfplauderer".

Vor einigen Monaten kam Rita, eine Frau um die vierzig, auf mich zu und erzählte mir von Pasadena, ihrem Problempferd. Sie klagte, dass das Pferd sich nicht ordentlich führen ließe, rücksichtslos Menschen überrenne und beim Ausreiten im Gelände plötzlich scheue und durchginge. Wir machten einen Termin aus, und ich sah mir das Problempferd genauer an. Eine junge Fuchsstute mit großen Augen und zur Begrüßung drohend angelegten Ohren. Als Rita ihr Pferd aus der Box führte, drängelte die Stute an ihr vorbei und es war offensichtlich, wer hier wen dominierte. Auf dem Reitplatz hatten wir ein Areal von etwa fünfzehn mal fünfzehn Meter abgesteckt und dort ließen wir Pasadena erst einmal frei laufen. Sofort lief sie unruhig wiehernd am Ausgang auf und ab. So alleine fühlte sich das Pferd offensichtlich unsicher und wollte zurück zu seinen Artgenossen. Uns Menschen beachtete es überhaupt nicht. Ich ging nach einigen Minuten zu der aufgeregten Stute ins Arbeitsviereck. Wir beschäftigten uns etwa zehn Minuten miteinander, die Stute wurde ruhig und gelassen. Ein Problempferd war das nicht, die Probleme, die es mit dem Pferd gab, hatten etwas mit der Beziehung zwischen Rita und Pasadena zu tun. Ich bat Rita zu ihrem Pferd zu gehen und nichts weiter zu tun als ihm die Laufrichtung vorzugeben. Sozusagen als verlängerten Arm benutzte sie eine Fahrpeitsche. Pasadena lief einige Schritte in der vorgegebenen Richtung und machte dann kehrt. Hilfe suchend sah Rita zu mir herüber, fuchtelte unsicher mit der Peitsche und ließ ihr Pferd in der ▶

falschen Richtung weiterlaufen. Sobald Pasadena spürte, dass Rita diese Richtung beibehalten wollte, machte sie wieder kehrt und lief entgegengesetzt. Ich fragte Rita, ob sie denn nicht etwas unternehmen wolle. Wir spielten daraufhin „Leithengst, der einen Nachzügler wieder in den Schutz der Herde zurücktreibt". Als sich Rita mit dem Leithengst identifizierte, sich innerlich und äußerlich aufrichtete, Präsenz und Entschlossenheit demonstrierte, klappte es mit Pasadena immer besser. Wenn die Stute ungewollt kehrtmachte, schnellte Rita nach vorn und machte eine entschlossene Geste mit der Peitsche vor das Pferd und sperrte ihm damit den Weg ab. Pasadena kehrte wieder vorschriftsmäßig um und kaute ab. Nach zwei oder drei Versuchen umzukehren lief Pasadena brav in der vorgegebenen Richtung, schnaubte einige Male ab und kaute. Ritas Aufgabe in Bezug auf Pasadena war wohl, Entschlossenheit zu zeigen. Lachend gestand mir Rita, dass dies nicht nur im Hinblick auf das Pferd zuträfe, sondern auch auf ihre Kinder, die sie nicht ernst nähmen und sich über ihre Bitten und Aufforderungen einfach hinwegsetzen würden. Inzwischen kommen Rita und Pasadena gut miteinander klar, und ich bin sicher, Entschlossenheit wird auch in der Kindererziehung Einzug gehalten haben.

Richten Sie sich mental aus

Bevor Sie handeln, richten Sie erst Ihr Bewusstsein aus. Was möchten Sie tun und warum? Nehmen Sie Kontakt zu Ihrer inneren Mitte auf, zentrieren Sie sich, lassen Sie ein klares Bild von dem erscheinen, was zu tun ist. Denken Sie an den Samurai in Ihnen, lassen Sie ein Gefühl innerer Stärke, Kraft und Weisheit entstehen.

Agieren Sie klar, sicher und souverän

Stellen Sie sich vor, wie Ihr innerer Samurai handeln würde. Wie würde Ihr Samurai einer Herausforderung begegnen? Er zieht sein Schwert, als Symbol für Klarheit, seine Bewegungen sind weich und fließend, denn er beherrscht seinen Körper, er weiß, was er tut. Er ist sich seiner Sache sicher. Da ein Samurai seinem Gegner stets Respekt und Achtung erweist, ist er frei von niederen Gefühlen wie Rache, Missgunst, Minderwertigkeit, Neid, Machtgelüsten oder Schadenfreude. Er führt seinen Kampf makellos mit der Energie seines Herzens und handelt souverän. Erwecken Sie Ihren „inneren Samurai" zum Leben.

Besser falsch als nicht gehandelt

„Du bist nicht nur verantwortlich für das was du tust, sondern auch für das, was du nicht tust."
M. R. Kopmeyer

Zu diesem Thema passend möchte ich aus dem Seminartagebuch des „Mastertraining" eines s.e.i.®-Seminars von Dieter M. Hörner, Rosenheim, zitieren:

Die meisten Menschen wählen den scheinbar leichten Weg der Inaktivität. Sie denken, wenn ich nichts tue, kann ja nichts passieren.

Und damit haben diese Menschen Recht.

- Glück kann nicht passieren
- Erfolg kann nicht passieren
- Liebe kann nicht passieren
- Wachstum kann nicht passieren
- Freude kann nicht passieren
- Persönlichkeitsentwicklung kann nicht passieren

Damit nun Glück, Erfolg, Liebe, Wachstum, Freude und Persönlichkeitsentwicklung in Ihrem Leben geschehen können, werden Sie aktiv, trauen Sie sich zu handeln und möglicherweise dabei auch Fehler zu machen. Begrüßen Sie jeden Fehler als Lernhilfe. Die Begegnung mit Pferden lebt von Aktivität, vom Handeln, denn nur daraus können Sie Erkenntnisse für sich ziehen und wachsen. Nicht umsonst haben Sie sich als Partner in der Lebensschule ein Pferd ausgesucht, und Pferde sind nun mal ein Symbol für Bewegung.

Besser du machst mit der vollen Kraft deines Seins einen Fehler, als dass du mit verzagendem Mut jeden Fehler vermeiden willst.

Dan Millman „Der Pfad des friedvollen Kriegers"

Gelassenheit

Es war Sonntag, 10.15 Uhr. Das Arbeitsviereck war in der großen Reithalle längst aufgebaut, und ich lief in der Halle auf und ab, um mir die morgendliche Kälte vom Leib zu halten. So wartete ich auf Simone, die eigentlich schon längst mit ihrem Pferd in der Halle sein sollte. Gerade, als ich überlegte, ob ich nicht die Zeit nutzen und mit einem anderen Pferd arbeiten sollte, hörte ich, wie ein Auto forsch in den Hof einfuhr und dann so abrupt gebremst wurde, dass es auf dem Kies rutschte, und einige Kieselsteine gegen die Stallwand prasselten. Einen Moment später kam auch schon Simone mit wehendem Haar, roten Wangen und völlig außer Atem auf mich zu. Sie stammelte etwas von Entschuldigung, zu spät, aufgehalten worden und noch bevor ich etwas sagen konnte, war sie bereits im Stall verschwunden. Eine Minute später führte sie ihr Pferd aus dem Stall, das heißt, es sah eher so aus, als würde sie es abschleppen und bugsierte es in das abgesteckte Areal. Ich versuchte mit Simone ins Gespräch zu kommen, aber sie hörte mir gar nicht zu. Stattdessen zog sie sich ihre Jacke aus, warf sie auf eine Bank, schnappte sich ein Arbeitsseil und stieg zu ihrem Pferd in das Arbeitsviereck. Sie ging auf ihr Pferd zu wie ein Stier auf das rote Tuch des Toreros. Timber, Simones Pferd, startete entsetzt durch, als er Simone kommen sah. Simones inneres Tempo glich immer noch dem ihres Autos auf der hitzigen Fahrt zum Stall. Sie bewegte sich auf diesem engen Raum von zwölf mal zwölf Metern wie eine Flipperkugel im Spielautomat. Ich beobachtete das Treiben und verließ mich auf Timber, Simones vierbeinigen Persönlichkeitstrainer. Timbers erster Einspruch waren drohend angelegte Ohren, sein zweiter ein in Simones Richtung kickendes Hinterbein. Als beide Versuche, Simone mitzuteilen, dass es so nicht funktionieren konnte, überhört wurden, sprang er mit einem gewaltigen Satz über die Bänder und seine eindeutige Botschaft war: „Mit mir nicht!" Wie eine Dampflok schnaufend stand Simone nun alleine und sichtlich irritiert im Arbeitsviereck. Als ich sie so verloren, mit verkniffener Mine stehen sah, musste ich plötzlich lachen. Ich rief ihr zu: „Können wir jetzt endlich anfangen?" Da fing auch Simone an zu lachen, prustete: „Meine Güte bin ich bescheuert", und vor Lachen liefen ihr die Tränen übers erhitzte Gesicht. Nachdem wir uns wieder einigermaßen beruhigt hatten, erzählte sie mir, dass sie einen heftigen Streit mit ihrem Mann hatte und sie deshalb so hektisch und aufgelöst war. Durch unser spontanes Lachen hatte sich Simones innere Anspannung gelöst, und so konnten wir danach noch sehr ruhig, zentriert und konzentriert mit Timber arbeiten. Die wichtigste Lektion des Tages hatte Simone allerdings bereits hinter sich.

Nicht alle Pferde sind so tolerant wie Timber. Auf diese Weise kann man nicht nur äußerst schmerzhafte Erfahrungen machen, nämlich dann, wenn sich das Pferd in die Enge getrieben und bedroht fühlt, sondern läuft auch Gefahr, die behutsam aufgebaute Beziehung zum Pferd auf einen Schlag wieder zunichte zu machen. Der Umgang mit Pferden erfordert unsere ganze Aufmerksamkeit und Bewusstheit. Meiner Erfahrung nach ist es besser, an den Tagen, an denen man mit dem linken Fuß aufgestanden ist, einen Kummer und Sorgen belasten oder Ärger, Wut und Zorn im Inneren brodeln, auf die Arbeit mit Pferden zu verzichten. Zum einen belastet es die Beziehung zwischen Mensch und Pferd und zum anderen geht man dann ohnehin meist bedrückt und frustriert nach Hause, weil mit dem Pferd nichts so recht geklappt hat. Gehen Sie in solchen Fällen lieber Joggen, Radeln, Squashspielen, erwürgen Sie Ihren Stoffhasen oder ertränken Sie Ihren Kummer in einem heißen Bad mit Duftölen, bei Kerzenlicht und schöner Musik. Da haben Sie und Ihr Pferd mehr davon, und am nächsten Morgen sieht die Welt oft schon viel besser aus.

▰ Sind Sie ein „Halbvoll-" oder ein „Halbleer-Mensch"?

Ist Ihr Glas heute für Sie noch halb voll oder schon halb leer? Lachen Sie nicht, schon diese Betrachtungsweise offenbart Ihre Lebenseinstellung, zumindest die in diesem Moment gültige. Der positiv Eingestellte empfindet ein zur Hälfte gefülltes Glas als noch halb voll, der negativ Eingestellte empfindet es als schon halb leer. Diese Einstellung spiegelt sich natürlich dann auch im Zusammensein mit Pferden wider. Gehören Sie zu den „Halbleer-Menschen", so neigen Sie dazu, auch in Bezug auf Ihr Pferd, Ihr Augenmerk eher auf seine Fehler und Schwächen zu richten oder von vorn herein davon auszugehen, dass (wie immer) etwas schief geht und Ihr Pferd sowieso nicht mitmacht. Wenn Sie in dieser Stimmung zu Ihrem Pferd gehen, sind Sie ein absoluter Motivationskiller, der ungewollt sich selbst sabotiert und sich im Nachhinein noch bestätigt: „Ich habe ja gleich gewusst, dass es nicht funktioniert". Sollten Sie gerade in dieser Stimmung sein, nehmen Sie sich bitte Papier

und Bleistift und beantworten Sie die nachfolgenden Fragen. Zu jeder Frage sollten Sie mindestens drei Antworten finden:

Was ist an mir besonders liebenswert und bewundernswert?

1

2

3

Was ist mir in den letzten Tagen besonders gut gelungen?

1

2

3

Was schätze ich an meinem Pferd besonders?

1

2

3

Was waren die glücklichsten Momente mit meinem Pferd?

1

2

3

Wenn sich nun Ihre pessimistische Einstellung etwas aufgehellt hat, haben Sie nun schon eine ganz gute Basis für eine positive Begegnung mit Ihrem Pferd.

Wenn Sie bereits ein „Halbvoll-Mensch" sind, Glückwunsch, Sie haben sich bereits für die heitere Seite des Lebens entschieden. Gehen Sie mit dieser Einstellung auch zu Ihrem Pferd.

Ein Weg zu mehr Gelassenheit

Sind Sie heute ausgeglichen und gelassen? Es gibt Tage, da sind wir so angespannt, dass uns sogar das leiseste Ticken einer Uhr auf den Wecker geht, da stören uns die spielenden Kinder auf der Straße, die Sonne, weil sie so hell scheint oder die Wolken, weil dann eben keine Sonne scheint.

Dann kommt vielleicht noch der wohlmeinende Rat eines Kollegen, alles doch nicht so verbissen zu sehen, was uns dann endgültig auf die Palme bringt. Obwohl uns klar ist, dass uns vieles daneben geht, weil wir so genervt sind, können wir es oft nicht ändern, denn wie „entnervt" man sich? Wie finde ich zu meiner Gelassenheit zurück?

Die folgende Übung ist eine Anregung zu mehr innerer Ruhe und Gelassenheit:

Übung: Gelassenheit

Musikvorschlag: Karunesh „Sounds of the Heart"
Titel: „Inner Flame"

- Setzen Sie sich bequem, aber aufrecht auf einen Stuhl.
- Lehnen Sie Ihren Rücken an.
- Ihre Hände liegen locker auf den Oberschenkeln.
- Ihre Füße sind fest mit der ganzen Sohle am Boden.
- Schauen Sie geradeaus und entspannen Sie Ihre Augen. Dabei verschwimmt Ihr Gesichtsfeld, Ihr Blick wird sanft.
- Beobachten Sie nun Ihren Atem. Lassen Sie ihn sanft und tief werden.
- Stellen Sie sich vor, wie bei jedem Ausatmen Anspannung Ihren Körper verlässt.
- Bei jedem Einatmen tanken Sie frische Energie.

- Stellen Sie sich vor, Sie inhalieren diese Energie, die sich wohltuend wie ein angenehmer ätherischer Duft in Ihrem Körper ausbreitet.
- Sie können freier atmen. Ihr Körper wird leichter.
- Aus dieser Leichtigkeit lassen Sie nun in Ihrem Inneren ein Lächeln entstehen.
- Sie spüren dieses Lächeln zunächst in Ihren Augen, dann auf Ihren Lippen und schließlich im ganzen Gesicht.
- Ihr Lächeln breitet sich warm in Ihrem ganzen Körper aus.
- Legen Sie eine Hand auf Ihren Bauch, unterhalb des Bauchnabels.
- Lenken Sie Ihren Atem in diese Region. Spüren Sie, wie Ihr Atem Ihre Hand auf- und abträgt.
- Fühlen Sie ein Gefühl der Sicherheit und Stabilität in Ihrer Bauchregion. Lassen Sie es stärker werden.
- Fühlen Sie bewusst den festen und sicheren Kontakt Ihrer Füße zum Boden.
- Sie sind innerlich und äußerlich völlig stabil. Nichts kann Sie jetzt aus dem Gleichgewicht bringen.
- Mit diesem Gefühl der Stabilität kehren Sie nun wieder in die Realität zurück.

Haben Sie nun zu Ihrer Gelassenheit zurückgefunden? Sollte es nicht so gut funktioniert haben, so schrauben Sie bitte Ihre Erwartungen etwas herunter oder verschieben Sie Ihr Unternehmen auf einen anderen Tag. Wenn es mir einmal gar nicht gelingt, mich zu entspannen und innerlich zu einem heiteren Lächeln zurückzufinden, haben mein Pferd „Bon Jour" und ich ein Abkommen getroffen: In diesen Fällen haben wir uns darauf geeinigt, nur miteinander auf dem Reitplatz herumzutollen oder miteinander spazieren zu gehen. An diesen Tagen meiden wir jegliches Konfliktpotenzial und stellen keine besonderen Anforderungen an unser Zusammensein. Interessanterweise bin ich danach dann immer sehr ruhig, ausgeglichen und guter Dinge.

Ist Ihnen also Ihre Gelassenheit etwas abhanden gekommen und lässt sich nicht gleich wiederfinden, unternehmen Sie, wenn überhaupt, nur etwas mit Ihrem Pferd, bei dem Sie relativ sicher sein können, dass es keine größeren Auseinandersetzungen geben wird. Denn heute ist offensichtlich kein guter Tag für anspruchsvolle Detailarbeit und Grundsatzdiskussionen.

Verbundenheit

Der Geist, der allen Dingen Leben verleiht, ist die Liebe.

Tschu-Li

Unsere Sehnsucht nach Verbundenheit, nach Liebe, Harmonie und Freundschaft mit unseren Pferden ist Teil unserer Sehnsucht nach der verlorenen Einheit mit allem Sein. Wenn ich von Verbundenheit und Liebe spreche, meine ich damit nicht sentimentales Schwelgen oder ein Gefühl von „ich liebe dich, wenn ...", sondern ein Gefühl innerer Verbundenheit jenseits egoistischer Bedürfnisbefriedigung. Wer sich bereits mit „Der Weg mit Pferden – Ein Weg zu mir" beschäftigt hat, weiß, wie stark wir Menschen mit den Pferden verbunden sind, verkörpern sie doch eine Vielzahl unserer Ängste, Wünsche und Sehnsüchte. Pferde üben auf uns Menschen in der Tat eine ganz besondere Faszination aus. Nicht umsonst spielten sie in der Geschichte der Menschheit eine herausragende Rolle. Das Pferd mit seinen ganz besonderen Eigenschaften kann für uns Menschen eine Brücke sein zwischen unserem Ich und der Natur, zwischen unserem Ich und der Schöpfung.

„Wenn die alten Struktu-
ren sich auflösen, kommen
neue Welten zum Vor-
schein.“

Tuli Kupferberg

Die Herzensbrücke

Wenn wir beginnen, uns mit Pferden auseinander zu setzen, ihre Sprache zu sprechen und bereit sind, uns auf eine tiefe, lebendige Beziehung mit Pferden einzulassen, wird unsere wichtigste Kraft die Herzenergie sein. Mag sein, dass Sie das jetzt im Zusammenhang mit Dominanz ein bisschen irritiert. Wer ohne Herzenergie herrscht, ist nichts weiter als ein machthungriger Despot, und Dominanz wird zur Unterdrückung. Wir werden einen anderen Weg gehen, den Weg des Samurai. Wir werden durch Herzenergie dominieren. Erinnern Sie sich noch an das Kapitel über die Leitstute? Die Leitstute geht an der Spitze, bahnt unermüdlich den Weg für die Herde und stellt ihre Kraft und Weisheit vollkommen in den Dienst der Gemeinschaft. Von ihr können wir lernen, dass

Führen in erster Linie Dienen bedeutet. Wenn wir unser Pferd dominieren, es führen, so sind wir angehalten, mit dem, was wir ihm abverlangen, bewusst umzugehen und stets im Sinne des Pferdes zu handeln. Ein königlicher Weg jenseits von Egoismus und persönlichem Machtstreben.

Übung: Aktivieren Sie Ihre Herzensbrücke

Musikvorschlag: Karunesh „Sounds of the Heart"

Setzen Sie sich bitte bequem aber aufrecht auf einen Stuhl. Schließen Sie die Augen und lassen Sie Ihren Atem gleichmäßig und tief werden. Mit jedem Ausatmen spüren Sie, wie Anspannung Sie verlässt. Ein Gefühl der Ruhe und des inneren Friedens breitet sich aus. Legen Sie nun bitte eine Hand auf Ihr Herzzentrum. Lenken Sie Ihren Atem in diesen Bereich und lassen Sie ein liebevolles Gefühl dort entstehen. Stellen Sie sich vor, dieses Gefühl wäre sichtbar etwa wie weißes Licht. Lassen Sie dieses weiße Licht nach außen strahlen, lassen Sie es sich ausdehnen immer weiter, immer weiter bis zu Ihrem Pferd. Das weiße Licht Ihrer Zuneigung, das von Ihrem Herzzentrum ausgeht, berührt nun Ihr Pferd. Spüren Sie die wunderbare

Durch die Herzensbrücke entsteht ein Band der Zuneigung und des gegenseitigen Verstehens.

Verbindung, die dabei entsteht. Vom Herzzentrum Ihres Pferdes geht ebenfalls ein liebevolles Licht aus. Ihre Herzensenergie und die Ihres Pferdes verbinden sich und verdichten sich zu einem wunderbaren Band der Zuneigung und des Verstehens. Genießen Sie das Gefühl der Einheit, das dabei entsteht. Über diese Herzensbrücke können Sie sich jederzeit auf höchster Ebene mit Ihrem Pferd verständigen, können Sie seinen Botschaften lauschen und sich ihm mitteilen. Dies ist eine Ebene jenseits von Egoismus, Geltungsdrang und Machtstreben. Hier begegnen sich Sein und Sein.

Aktivieren Sie im Zusammensein mit Ihrem Pferd immer wieder Ihre Herzensbrücke, vor allem dann, wenn Sie spüren, dass Ihr Ego sich einmischt oder Sie Ihr inneres Gleichgewicht verlieren.

Es gibt keine Verlierer, nur klare Positionen

Bei allem, was wir tun, sollten wir uns darüber im Klaren sein, dass es nicht um Siegen oder Verlieren geht, sondern nur darum, eine eindeutige Position, die des Ranghöchsten einzunehmen. Wir wollen unser Pferd nicht unterwerfen, wir bieten ihm Führung an und damit Schutz, Sicherheit und Geborgenheit. Ein derartiges Angebot ist für das Pferd sehr verlockend. Schließt sich ein Pferd uns nicht freiwillig an, so ist das Pferd von unseren Führungsqualitäten nicht überzeugt. In diesem Falle dürfen wir nicht beleidigt sein und der Versuchung unterliegen, das Pferd durch Druck zu zwingen, sich uns zu fügen. Alles, was wir so erreichen könnten, wäre ja bestenfalls ein mechanisches Funktionieren, nicht aber Freiwilligkeit, Motivation und Freundschaft. Wir sollten vielmehr dem Pferd danken, dass es uns auf einen förderungswürdigen Aspekt unserer Führungskompetenz aufmerksam macht. Interessant wäre auch, sich selbst in diesem Punkt in anderen Lebensbereichen zu hinterfragen. Da heißt es an sich selbst arbeiten. Für diese Bereitschaft werden wir dann gleich mehrfach belohnt: Wir selbst kommen in unserer persönlichen Entwicklung voran, werden klarer, selbstbewußter und selbstsicherer. Darüber hinaus entsteht zwischen mensch und Pferd eine Beziehung des gegenseitigen Verstehens und Vertrauens.

Achtung und Wertschätzung

Öffnen Sie sich für die Schönheit und Einzigartigkeit Ihres Pferdes.

Machen Sie sich bewusst, dass das Pferd neben Ihnen, so wie Sie selbst, eine einzigartige Persönlichkeit ist. Es ist ein Unikat auf dieser Welt. Nie wieder wird es dieses Lebewesen, mit diesen einzigartigen Charakterzügen geben. Sie haben damit eine einmalige Chance, mit genau diesem Lebewesen in Kontakt zu treten, mit ihm und von ihm zu lernen, sich gemeinsam mit ihm zu entwickeln.

Übung: Erkennen Sie die Schönheit und Einzigartigkeit Ihres Pferdes

Musikvorschlag: Adiemus „Songs of Sanctuary"
Titel: „Amaté Adea"

Nehmen Sie sich bitte eine Viertelstunde Zeit, in der Sie mit Ihrem Pferd alleine und ungestört sind. Suchen Sie sich einen Platz, von dem aus Sie Ihr Pferd gut beobachten können. Wenn es sich Ihnen nähern möchte oder aufdringlich wird, signalisieren Sie Ihm, am besten mit dem Arbeitsseil (näheres hierzu im Kapitel 3 „Der Ort der Begegnung"), dass Sie in Ruhe gelassen werden möchten. Nachdem Ihr Pferd nun von Ihnen keine Notiz mehr nimmt, betrachten Sie es einmal ganz genau, jedoch nicht mit den Augen eines Kritikers, sondern mit einem liebevollen Blick, so, als würden Sie in einen Babywagen hinein-

schauen, um einen neuen Erdenbürger zu begrüßen. Wie ist die Form seiner Ohren, die Maulpartie, die Nüstern, die Augen? Was macht seinen ganz besonderen Charme aus? Wie ist der Ausdruck seiner Augen? Nehmen Sie die Feinheiten wahr: Die fein geschwungenen Ohren, die weiche Haut seiner Maulpartie, die Farbnuancen seines Felles, das Ebenmaß seines Körpers ... Lassen Sie den Anblick Ihres Pferdes auf sich wirken. Öffnen Sie sich der Schönheit und Einzigartigkeit Ihres Pferdes.

Die Einzigartigkeit meines Pferdes

▶ Die Form seiner Ohren ist ...

▶ Seine Augen sind ...

▶ Seine Maulpartie ist ...

▶ Sein Körperbau ist ...

▶ Sein Fell ist ...

▶ Sein ganz besonderer Charme ...

Wir alle tragen unsichtbare Spruchbänder auf unserer Brust auf denen steht: „Ich möchte beachtet werden", „Ich möchte ernst genommen werden", „Ich möchte bewundert werden", „Ich möchte wichtig sein". Dies sind elementare psychische Grundbedürfnisse eines jeden Menschen. Wenn Sie sich einen Feind schaffen wollen, dann brauchen Sie bei einem anderen Menschen nur diese Grundbedürfnisse zu verletzen. Er wird Ihnen das nachhaltig übel nehmen. Sie werden jetzt vielleicht schmunzeln, aber ich habe den Eindruck, dass auch Pferde diese Spruchbänder tragen. Ich habe immer wieder die Erfahrung gemacht, dass Pferde, die von ihren Bezugspersonen viel Lob und Anerkennung bekommen, wesentlich motivierter mitarbeiten, schneller begreifen und selbstsicherer sind. Pferde, die bewundert werden, steigern zunehmend ihren inneren und äußeren Glanz. Sie werden von Woche zu Woche schöner.

Pasha, eine prächtige Pferdepersönlichkeit mit innerem und äußerem Glanz.

Pferde, die ernst genommen werden, werden ausdrucksstärker und souveräner.

Es ist wohl die Magie unserer positiven Gedanken und unserer Herzensenergie, die den Pferden diesen inneren und äußeren Wachstumsschub liefert. Kein noch so ausgeklügeltes Spezialfutter oder eine noch so ausgefeilte Trainingsmethode kann die Wirkung dieser positiven Energie übertreffen.

Führungskompetenz

Erinnern Sie sich noch an die drei Säulen der Dominanz? Eines der tragenden Elemente war dabei unsere Persönlichkeitsentfaltung und die Entwicklung von Führungsqualitäten. Als Vorbild dient uns der Samurai, eine Führungspersönlichkeit mit edler Gesinnung. Vielleicht fragen Sie sich, warum ich immer wieder auf Führungseigenschaften zurückkomme und warum mir dieses Thema in Bezug auf die Pferde so wichtig ist. Es ist mir nicht nur in Bezug auf Pferde wichtig, ich erachte es als elementar wichtig in allen Lebensbereichen. Führungsqualitäten sind nicht nur für Manager und andere Führungskräfte von Bedeutung. Jeder Mensch besitzt zumindest latent Führungseigenschaften, denn er braucht sie auch im täglichen Leben.

Zum Beispiel bei der Kindererziehung, im Job, bei der Betreuung von Haustieren oder bei der eigenen Lebensplanung und -gestaltung. Leider sind sich viele Menschen der in ihnen schlummernden Führungsqualitäten nicht bewusst und lassen ihr Führungspotenzial ungenutzt. Ich sage leider, denn statt klar geführt wird dann gegängelt, manipuliert, Macht ausgeübt, unter Druck gesetzt und gestraft.

Schön, dass Sie sich auf den Weg gemacht haben, Ihr Führungspotenzial zu entdecken und auszuschöpfen.

▬ Die umfassende Führungspersönlichkeit

Unseren Pferden gegenüber werden wir die Führungseigenschaften von Leitstute und Leithengst vereinen und das mit der edlen Gesinnung und Führungskompetenz eines Samurai. Was halten Sie davon?

Sie werden demnach Ihr Pferd klar und entschlossen treiben wie der Leithengst einen Nachzügler, und mit dem Gefühl innerer Verbundenheit dem Pferd gegenüber wird es sich Ihnen vertrauensvoll anschließen wie einer Leitstute.

Dass dies innerhalb weniger Minuten möglich ist, zeigte sich bei einer Messevorführung:

Nach ein paar einführenden Worten zum Thema Persönlichkeitstraining mit Pferden meldete sich spontan eine Besucherin aus dem Publikum für die praktische Umsetzung.

Ausgehend von dem Bedürfnis des Pferdes, sich wie im natürlichen Herdenverband einem „Leittier" anschließen zu können, erarbeiteten wir kurz die Führungsqualitäten von Leitstute und Leithengst.

Wir stellten drei Ebenen dieser Führungsqualitäten heraus: Klarheit – Entschlossenheit – Verbundenheit.

Um diese Führungsqualitäten, die in jedem Menschen zumindest latent vorhanden sind, wieder in das aktuelle Bewusstsein zu bringen, wurden diese mit Hilfe einer Übung aus dem NLP (neurolinguistisches Programmieren) aus dem Erinnerungsschatz in die Gegenwart geholt und im Hier und Jetzt neu verankert.

Nach dieser NLP-Übung folgte die Umsetzung der neu aktivierten Führungsqualitäten am Pferd. Würde sich das Pferd einem völlig fremden Menschen anschließen, sofern sich dieser als klare Führungspersönlichkeit zu erkennen gibt? Während des Coachings der Besucherin lief mein Pferd „Bon Jour" aufgeregt im Vorführring umher und fühlte sich offensichtlich alleine gelassen und unsicher in der für ihn fremden Umgebung. Für die Besucherin eine echte Herausforderung, mit einem fremden, unruhigen Pferd eine Kommunikation aufzubauen, und es dabei zu überzeugen, dass es sich diesem fremden Menschen anvertrauen kann.

Erstes Element war „Klarheit". Klarer körpersprachlicher Ausdruck wie ein Leithengst, der einen Nachzügler wieder in den Schutz der Herde zurücktreiben möchte. Zusätzlich zur Klarheit kam die „Entschlossenheit". Entschlossen wie der Leithengst, dem Pferd die Laufrichtung (zurück zur Herde) vorzugeben und dieses Ziel auch konsequent und entschlossen zu verfolgen.

Nun ging es darum, dem Pferd zu signalisieren, dass es sich dem Menschen vertrauensvoll anschließen kann wie einer Leitstute. Führungsqualität „Verbundenheit" war hierfür unser Stichwort. Eine Herzensbrücke zum Pferd aufzubauen, ihm das Gefühl zu geben, in der Gegenwart dieses Menschen sicher und geborgen zu sein.

„Bon Jour" folgte der einladenden Geste der Messebesucherin. Mit langsamen, einladenden Gesten suggerierte sie dem Pferd, dass es ihr folgen solle. „Bon Jour" nahm dieses Angebot gerne an, wurde ruhig und gelassen.

Innerhalb weniger Minuten war eine klar definierte, harmonische und freundschaftliche Beziehung zwischen Mensch und Pferd entstanden. Auf dieser Basis lässt sich die Zusammenarbeit zwischen Mensch und Pferd sicher gut ausbauen.

Auf die Körpersprache zwischen Mensch und Pferd werden wir im Kapitel „Der Werkzeugkoffer" noch zu sprechen kommen. Zunächst werden wir, wie bei der Messebesucherin, Ihre Führungsqualitäten in einer kleinen Übung „abankern", damit sie in Ihrem Bewusstsein wieder ganz lebendig werden.

Hier deutlich zu sehen: Die völlige Gelassenheit des Pferdes. Die Kontaktaufnahme mit dem Pferd ist geglückt, ein harmonisches Miteinander von Mensch und Pferd.

▬ Setzen Sie Ihre „Samurai-Anker"

Die nachfolgende Übung stammt aus dem NLP, was neurolinguistisches Programmieren heißt. Das klingst erst einmal schrecklich kompliziert, ist aber relativ einfach und doch ungemein effektiv.

In dieser Übung geht es darum, Zugang zu Ihren inneren Ressourcen, zu Ihren inneren Führungsqualitäten zu bekommen und sie zu aktivieren. Durch einen sogenannten „Anker" werden wir gemeinsam aus dem Erfahrungsschatz Ihrer Vergangenheit eine Situation herausstellen, in der Sie genau diese Führungsqualität gezeigt haben, werden das damalige Gefühl aus der Erinnerung stark intensivieren und es mit einem „Bodenanker" und einer von Ihnen gewählten Geste, in der Gegenwart verankern. Keine Sorge, wir machen das zusammen und Schritt für Schritt.

Übrigens verfügen Sie bereits über eine Fülle von „Ankern", Sie sind sich dessen nur nicht bewusst. Die Werbung macht sich diese Technik, die im Grunde genommen nichts weiter, als eine Konditionierung ist, zu Nutze. Die lila Kuh ist hierfür ein Paradebeispiel, oder denken Sie da etwa nicht auch sofort an Schokolade?

Alles, was Sie für die folgende Übung brauchen, ist eine gute halbe Stunde Zeit, in der Sie ungestört sind, und fünf, wenn möglich verschiedenfarbige Blätter und einen Plakatstift.

Und so wird's gemacht:

Auf die einzelnen Blätter schreiben Sie groß und deutlich jeweils einen der nachfolgenden Begriffe:

▶ Klarheit
▶ Entschlossenheit
▶ Gelassenheit
▶ Verbundenheit
▶ Führungskompetenz

▶ Legen Sie Ihren Bodenanker „Klarheit" so vor sich auf den Boden, dass Sie die Schrift lesen können.   *Und los geht's*
▶ Schließen Sie die Augen.
▶ Gehen Sie in Ihrer Erinnerung zurück in eine Situation in Ihrem Leben, in der Sie erfüllt waren von einem Gefühl der Klarheit.
▶ Lassen Sie diese Situation, in der Sie Klarheit sehr intensiv gespürt haben, in Ihrer Erinnerung ganz lebendig werden.
▶ Lassen Sie das Gefühl von damals noch einmal ganz intensiv werden.
▶ Steigern Sie die Intensität dieses Gefühls.
▶ Wenn Sie erfüllt sind von diesem intensiven Gefühl der Klarheit, machen Sie einen Schritt nach vorn und treten Sie auf Ihren Bodenanker „Klarheit".
▶ Lassen Sie dieses Gefühl der Klarheit noch einmal ganz intensiv werden und stellen Sie sich vor, wie dieses Gefühl in Ihren Bodenanker hineinfließt.
▶ Treten Sie einen Schritt zurück und öffnen Sie die Augen.
▶ Denken Sie an etwas anderes.
▶ Gehen Sie dann bitte noch einmal auf Ihren Bodenanker „Klarheit" und beobachten Sie, wie sofort das Gefühl von Klarheit wieder in Ihnen aufsteigt.

Wenn Sie möchten, testen Sie auf diese Art noch einige Male Ihren Anker und wenden sich dann dem nächsten Anker, der „Entschlossenheit" zu.

Der Ablauf beim „ankern" ist immer der gleiche. Ankern sie bitte wie oben in dieser Reihenfolge Ihre Bodeanker ab:

Klarheit, Entschlossenheit, Gelassenheit und Verbundenheit. Wenn Sie alle Führungsqualitäten abgeankert haben, gehen wir einen Schritt weiter: Nun werden wir Ihre Anker zu einem übergeordneten Gesamtbegriff verbinden und zwar zur „Führungskompetenz".

Legen Sie nun bitte Ihre vier Bodenanker im Kreis um sich herum aus. In die Mitte legen Sie „Führungskompetenz". Stellen Sie sich nun bitte in die Mitte, auf „Führungskompetenz". Von dort aus betreten Sie noch einmal einzeln die Anker „Klarheit", „Entschlossenheit", „Gelassenheit" und „Verbundenheit". Aktivieren Sie bei jedem Bodenanker das dazugehörige Gefühl und nehmen Sie dieses intensive Gefühl bei Ihrem Schritt zurück auf „Führungskompetenz" mit. Sie integrieren nun jede der Führungsqualitäten zu einem Oberbegriff, der „Führungskompetenz". Noch mal der Ablauf:

▸ Bodenanker betreten
▸ Gefühl aktivieren
▸ Beim Rückwärtstreten in „Führungskompetenz" integrieren
▸ Gefühl in „Führungskompetenz" einfließen lassen.

Integrieren Sie so „Klarheit", „Entschlossenheit", „Gelassenheit" und „Verbundenheit".

Stapeln Sie die Bodenanker unter das Blatt „ Führungskompetenz" und machen Sie sich bewusst, dass diese Führungsqualitäten in diesem Oberbegriff enthalten sind.

*Nun folgt der letzte
Streich!*

- Legen Sie den Papierstapel vor sich auf den Boden.
- Ganz oben liegt nun „Führungskompetenz".
- Wählen Sie eine Geste, die zukünftig für Sie ein Symbol für
  Führungskompetenz sein soll. Suchen Sie sich möglichst ei-
  ne einfache Geste, die sich leicht und von anderen unbe-
  merkt ausführen lässt, wie zum Beispiel ein Aneinander-
  drücken von rechtem Zeigefinger und Daumen oder, die
  rechte Hand auf den Solarplexus (3 fingerbreit oberhalb des
  Nabels) legen.
- Schließen Sie die Augen.
- Treten Sie auf Ihren Ankerstapel und lassen Sie die einzel-
  nen Führungsqualitäten noch einmal lebendig und intensiv
  werden.
- Verbinden Sie diese zu einem unfassenden Gefühl von
  Führungskompetenz.
- Ankern Sie das Gefühl Ihrer umfassenden Führungskompe-
  tenz mit der von Ihnen gewählten Geste ab.
- Treten Sie einen Schritt zurück und öffnen Sie die Augen.
  Aktivieren Sie anschließend noch einige Male den Anker
  „Führungskompetenz", wobei Sie Ihre Geste stets ausführen,
  das Betreten des Bodenankers aber unterlassen.
- Wenn Sie allein durch Ihre Geste das Gefühl von „Führungs-
  kompetenz" auslösen können, dann sitzt der Anker, und Sie
  werden erstaunt sein, das funktioniert sogar Jahre später noch.

„*Du wirst Zeit deines Lebens*
   von dem inneren, lernenden Wesen gelenkt,
   von dem verspielten geistigen Geschöpf,
   das dein wahres Selbst ist."

DER ORT DER BEGEGNUNG

Das Arbeitsviereck 58

Kleine Hilfsmittel 61

Ein paar einfache Grundregeln 69

Das Arbeitsviereck

Unser Arbeitsviereck im Herzen des Waldes ist ein besonders schöner Ort, aber auch auf einem Reitplatz lässt sich gut arbeiten.

Mit dem Pferd im Dialog zu sein bedeutet überall und in jedem Augenblick Präsenz und Führungsqualitäten zu zeigen. Für unsere ersten Dialogversuche in der Pferdesprache suchen wir uns aber am besten einen begrenzten Raum, der uns den Einstieg möglichst erleichtert. Kommunikation mit Pferden findet natürlich überall statt. Im Stall, beim Putzen, beim Reiten u.s.w., und so hört auch das Persönlichkeitstraining mit Pferden und die Dominanzarbeit auch dann nicht auf, wenn wir das Arbeitsviereck verlassen.

Maße und Beschaffenheit

Für die Übungen aus dem Kapitel „Der Werkzeugkoffer" eignet sich am besten ein abgezäuntes Areal von elf bis fünfzehn Metern im Quadrat. Anfangs ist es von Vorteil, das Arbeitsviereck eher klein zu bemessen. Auf engem Raum ist es für Sie einfacher Präsenz zu zeigen. Das Pferd ist dann ständig mit Ihnen konfrontiert und muss sich mit Ihnen auseinander setzen.

Später, wenn Sie eine stabile Vertrauens- und Dominanzbasis aufgebaut haben, wird Ihr Wirkungsgrad auf das Pferd so groß sein, dass Sie auch auf großen Flächen gut mit Ihrem Pferd arbeiten können. Wo immer Sie auch mit Ihrem vierbeinigen Partner arbeiten, der Boden sollte auf jeden Fall rutsch- und trittfest sein. Ob Sie sich ein Areal in einer Reithalle, einem Reitplatz oder einer trockenen Wiese abstecken, spielt eigentlich keine Rolle. Vielleicht gibt es in Ihrem Stall auch einen Roundpen oder einen Longierzirkel. Auch dort können Sie gut mit Ihrem Pferd arbeiten. Das Arbeitsviereck sollte jedoch auf keinen Fall weniger als zehn mal zehn Meter groß sein. Manche unter Ihnen kennen ein solches Arbeitsviereck auch unter dem Namen Pikadero.

Abstecken lässt sich ein Arbeitsviereck am einfachsten mit Hindernisständern oder Weidepfählen aus Kunststoff. Zum Abbändern verwende ich bei Kunststoffweidepfählen ein rotweißes Flatterband, wie es auch zum Absperren von Baustellen verwendet wird. Sie bekommen dieses Flatterband in jedem Baumarkt.

Mit Flatterband lässt sich das Arbeitsviereck gut begrenzen.

Stehen Hindernisständer zur Verfügung, so kann man auch Breitbandweidelitze verwenden. Für die Kunststoffpfähle ist das Weideband meistens zu schwer, und es hängt dann durch. Kommen Sie aber bitte nie auf den Gedanken Strom anzuschließen! Ein Arbeitsviereck ist keine Gefängniszelle, sondern ein Ort freudiger Begegnung. Wenn Sie auf Nummer sicher gehen wollen, bändern Sie zweifach ab.

Ein Ort der offenen Begegnung, der Freude und des Spiels

Die Bezeichnung „Arbeitsviereck" klingt vielleicht ein bisschen nach „Ernst des Lebens", wir werden darin auch tatsächlich einige durchaus ernsthafte Dinge tun, vor allem aber geht es um Bewegung, Freude und Spiel. Wenn Sie das Arbeitsviereck betreten vergessen Sie bitte nie, Ihr Lächeln mitzunehmen! Wenn für Sie Arbeitsviereck zu streng klingt, stellen Sie sich einfach vor, Sie gehen voller Abenteuerlust und Kreativität mit Ihrem Pferd in einen großen Sandkasten.

Manfred pirscht sich hier in Raubtiermanier an Sissy heran. Bei solchen Spielen bedarf es schon einer gefestigten Vertrauensbeziehung und völliger Gelassenheit, um nicht vom Pferd missverstanden zu werden und es ungewollt zu ängstigen.

Es darf alles sein

In unserem „großen Sandkasten" darf alles sein. Es gibt nichts Verkehrtes oder Falsches, es ist ein Abenteuerspielplatz, auf dem wir mit unseren Pferden Erfahrungen sammeln. Sollte eine Übung nicht das gewünschte Ergebnis haben, so ist das völlig okay. Das erstaunt Sie jetzt wahrscheinlich. Würde ich Ihnen in diesem Buch eine Methode verkaufen, so müssten Sie diese so lange üben, bis das gewünschte Resultat erzielt wird. Hier handelt es sich aber um Kommunikation, um einen lebendigen Dialog zwischen Mensch und Pferd. „Funktioniert" das Pferd nicht wie gewünscht, so kann das eine Fülle von Ursachen haben, die sicher nicht überwiegend beim Pferd liegen. In punkto Körpersprache sind die Pferde uns ja haushoch überlegen, im Ausdruck wie in der Wahrnehmung. Es wird demnach meistens an uns Menschen liegen, wenn das Pferd uns nicht oder falsch versteht. Doch auch das ist kein Fehler, denn es ist ja für uns von Nutzen, wenn wir erkennen, wo bei uns förderungswürdige Bereiche liegen. Das Pferd spiegelt neben unserer Körpersprache auch unsere mentale Einstellung, das, woran wir glauben, sowie unsere momentane Gefühlslage. Respektiert Ihr Pferd Sie zum Beispiel nicht als „Leittier", kann es ja unter Umständen auch daran liegen, dass Sie sich selbst Führungsqualitäten gar nicht zusprechen, Sie sich schwach und hilflos fühlen. Ihr Pferd weist Sie durch sein Verhalten genau darauf hin, und Sie haben so die Möglichkeit, sich bewusst mit diesem Thema auseinander zu setzen. Gerade in den Momenten, in denen scheinbar Fehler passieren, etwas nicht funktioniert, liegt das größte Lern- und Entwicklungspotenzial. Es kommt allein darauf an, wie Sie damit umgehen.

Ofeig fühlt sich im Arbeitsviereck offensichtlich wohl. Neben Freude und Spiel gibt es hier ja auch noch Gelegenheit, ein ausgiebiges Sandbad zu nehmen.

Kleine Hilfsmittel

Das Arbeitsseil

Für die Arbeit mit Pferden ist meiner Erfahrung nach ein Hanfseil von ca. sechs bis sieben Metern Länge am geeignetsten. Ich gestehe offen, ich bin ein Gegner des traditionellen Führstricks. Ich finde Führstricke viel zu kurz. Mit ihnen ist der Mensch zu nahe am Pferd und kann ihm keinen Freiraum gewähren. Viele von Ihnen werden jetzt geschmerzt das Gesicht verziehen, wenn ich Sie an daran erinnere, wie Ihr Pferd beim Führen scheute und Ihnen den Führstrick durch die Hand zog. Wenn

LINKS: *Unser „Hand-
werkszeug": Seil, Peitsche,
Ball und Fangtrichter.*

RECHTS: *Hanfseile gibt es
in verschiedenen Stärken
in beinahe jedem Bau-
markt.*

*Verwenden Sie am besten
einen Karabiner wie
ganz unten abgebildet.
Die Zuglast der beiden
großen Karabiner beträgt
ca. 350 kg, die des ober-
sten nur 35 kg.*

es sich um einen Nylonstrick handelte, hatten Sie danach bestimmt sehr schmerzhafte Verbrennungen. Außerdem sind diese Stricke so kurz, dass man einem scheuenden Pferd kaum
nachgeben kann, entweder man lässt los oder wird mitgerissen.
Zum Anbinden mögen diese Stricke ja geeignet sein, zum
Führen sind Sie es meiner Meinung nach nicht. Auf der anderen Seite werden Sie, wenn Sie diesen Weg mit Pferden weiter-
gehen, immer weniger Anlässe finden, bei denen es notwendig
ist, Ihr Pferd anzubinden, es bleibt ja ohnehin am liebsten bei
Ihnen. Falls Sie noch Besitzer eines derartigen, ich nenne ihn
jetzt lieber „Anbindestrickes" sind, bewahren Sie ihn trotzdem
auf: Zum Anbinden des Pferdes im Pferdehänger mag er auch
weiterhin seine Existenzberechtigung haben.

Doch nun zurück zu unserer neuen Errungenschaft, dem Arbeitsseil. Sie können sich natürlich für viel Geld ein Original-
XY-Führseil kaufen, das ist schön und zweckmäßig, aber nicht
unbedingt preiswert. Sie können genauso in einen großen Baumarkt gehen oder in ein Fachgeschäft für Trekking und Wan-
dern. Dort bekommen Sie Hanfseile in der Regel als Meterware
zu einem akzeptablen Preis. Die Seile gibt es in verschiedenen
Stärken. Es sollte nicht zu dick sein, sonst wird es schwer und
unhandlich, aber auch nicht zu dünn, sonst besteht die Gefahr,
dass es reißt oder sich ständig verheddert. Die Stärke des Seiles
sollte zwischen einem und eineinhalb Zentimetern liegen. Die

Länge sollte sechs bis sieben Meter betragen. Zusätzlich brauchen Sie nun noch einen stabilen Karabinerhaken. In Fachgeschäften gibt es inzwischen welche, die gegen unerwünschtes Öffnen eine Sicherung haben. Panikhaken sind hierfür nicht geeignet! Wenn Sie mit Ihrem Pferd später auch mal im Gelände unterwegs sein sollten, ist es wichtig, dass sich der Haken nicht ungewollt vom Halfter lösen kann, auch nicht, wenn das Pferd mal scheuen und am Seil zerren sollte. Sparen Sie nicht an der Qualität und Stärke des Hakens! Wir arbeiten mit Pferden und nicht mit Zwergpinschern.

Verknoten Sie das Seil mehrmals am Karabiner oder spleißen Sie es ein.

Der Haken wird fest (!) und sicher mit dem Seil verknotet oder, wer's kann, eingespleißt.

Zusätzlich können Sie den Knoten noch mit einem Klebeband sichern. Damit ist unser Arbeitsseil im Grunde fertig. Wer Lust hat, kann nun noch folgende Details einbauen:

Wenn Sie möchten, können Sie einen Metallring, zum Beispiel aus einem alten Stallhalfter, einknoten und zwar so, dass Sie, wenn Sie dem Pferd das Seil mit dem Karabinerende wie einen Halsring umlegen, den Karabiner einhaken können.

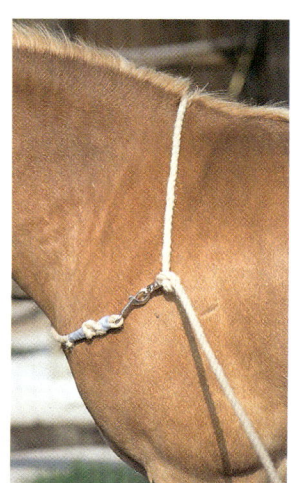

Zum Schluss machen Sie bitte noch zwei Knoten in das Seil. Nehmen Sie das Seil bitte so, dass das letzte Ende am Boden aufliegt, wenn Sie daneben stehen. Den ersten Knoten machen Sie dort, wo das Seil etwa auf Hüfthöhe ist, den zweiten ganz am Seilende.

Lassen Sie das Seil locker aus dem Handgelenk von hinten nach vorne kreisen.

Einsatzmöglichkeiten des Arbeitsseils:

▶ **Vorwärtskreisen:**

Diese von hinten nach vorn kreisende Bewegung des Seiles, wobei Sie den Knoten am Ende des Seiles zusätzlich noch auf den Boden aufschlagen lassen können, imitiert das Scharren eines Hufes, einer typischen Gebärde aus dem Imponiergehabe des Leithengstes. Lassen Sie bitte immer das Ende des Seiles kreisen, an dem der Schlussknoten ist, nie jedoch das Ende mit dem Karabinerhaken (Verletzungsgefahr)! Durch die kreisende Bewegung können Sie zum Beispiel Ihre „Intimsphäre" schützen und das Pferd auf Abstand halten. Des Weiteren verleiht diese Geste Ihren Bewegungen eine gewisse Nachdrücklichkeit. Achten Sie darauf, dass das Kreisen des Seiles nie aggressiv wirkt, sondern klar und entschlossen. Dazu gehört natürlich auch eine natürliche körperliche Aufrichtung sowie ein sicherer, zielstrebiger Gang.

▶ **Werfen:**

Nehmen Sie hierzu bitte den Karabiner in die Hand, mit der Sie nicht werfen, also bei Rechtshändern in die Linke, bei Linkshändern in die Rechte. Den Rest des Seiles nehmen Sie in lockeren Schlingen in die Wurfhand. Mit der Wurfhand werfen Sie das Seil von unten aus der Hüfte heraus, geradeaus nach vorn. Dabei rollt es sich auf. Beim Werfen halten Sie den Karabiner fest! Wenn Sie geübter mit dem Seilwerfen sind, können

Sie den Karabiner auch mit in die Wurfhand nehmen, beim Werfen dann aber gut festhalten! Diese Wurfbewegung ist harmonischer, weil sich der restliche Körper nicht so viel mitbewegt, erfordert aber etwas mehr Geschick. Durch das Werfen des Seiles erhalten Sie eine enorme Reichweite und einen großen Wirkungsgrad. Dabei wird das Seil grundsätzlich auf den Boden hinter das Pferd geworfen. Wann das Werfen des Seiles überhaupt sinnvoll ist, erfahren Sie gleich im Kapitel „Der Werkzeugkoffer".

Üben Sie den Umgang mit dem Seil zunächst ohne Pferd, bis Sie es zielsicher und routiniert einsetzen können.

Werfen Sie das in Schlingen gelegte Seil aus der Hüfte heraus nach vorn. Das Karabinerende bleibt dabei fest in Ihrer anderen Hand.

► **Führen**:

Wird das Seil mit dem Karabiner am Halfter eingehakt, so sollte es grundsätzlich leicht durchhängen. Näheres über die Führpositionen erfahren Sie im folgenden Kapitel.

Die Fahrpeitsche

Als sehr nützlich bei der Arbeit mit Pferden hat sich die Fahrpeitsche erwiesen. Fahrpeitschen erhalten Sie in jedem Reitsportgeschäft oder über den Reitartikelversand. Achten Sie darauf, dass sie nicht zu lang und unhandlich ist. Ferner sollte sie in sich stabil und nicht zu biegsam sein. Longierpeitschen mit ihrem langen Schlag sind ungeeignet für die Art und Weise, wie wir sie einsetzen wollen. Falls Sie sich keine Fahrpeitsche kaufen möchten, verwenden Sie eine sehr lange Dressurgerte oder einen Touchierstock, an den sie sich einen kurzen Wedel ankleben.

Die Fahrpeitsche dient uns zum einen als verlängerter Arm, zum anderen setzen wir sie als Impulsgeber ein. Pferde sind ausgezeichnete Bewegungsseher und reagieren sehr stark auf bewegte Objekte.

Mit dem kleinen Schlag am Ende der Fahrpeitsche können wir von „leise" Wedeln bis hin zu wild Peitschen alle Nuancen von Bewegungsreizen kreieren. Unterstreichen können Sie das noch, indem Sie am Ende des Schlages eine kleine Schleife aus Flatterband anbringen.

Von „leise" Wedeln ...

... bis „heftig" Peitschen

Spielsachen

Hier darf gespielt werden! Mit Ball, Fangtrichter und Flatterband.

Die Skeptiker unter Ihnen werden jetzt sicher die Stirn runzeln und sich fragen, wie denn Dominanztraining und Spielsachen zusammenpassen sollen. Ich werde Sie jetzt gleich noch mehr verwundern, wenn ich behaupte, die Spielsachen sind eigentlich gar nicht fürs Pferd, sondern für Sie. Zugegeben, manchmal spielen Pferde dabei auch mit, wie Ofeig hier zusammen mit Andrea. Meistens werden Sie allerdings alleine spielen. Im Zusammensein mit Pferden ist es eines unserer größten Laster, dass wir ständig von unseren Pferden etwas wollen, permanent auf sie einwirken und ihnen so die Möglichkeit nehmen, sich freiwillig mit uns zu beschäftigen. Schnell wird so für das Pferd das Zusammensein mit Menschen zu einem leidigen Muss. Das führt zu Unlust, fehlender Motivation und manchmal auch völliger Apathie und Resignation. Meistens wird dann den Pferden auch noch der „Schwarze Peter" zugeschoben und behauptet, sie seien faul. Ich behaupte, es gibt keine wirklich faulen Pferde. Mag sein, dass Pferde unterschiedliche Bewegungslust und unterschiedliches Temperament besitzen, von Geburt an faul sind sie

Spielerisch Arbeiten lässt Freiräume entstehen.

nicht, ihnen wird die Freude an Bewegung und Arbeit von uns Menschen irgendwann genommen – unabsichtlich und unbewusst, natürlich. Indem wir Menschen wieder lernen, den Pferden Freiraum zu gewähren, haben wir die Chance, den resignierten, angeblich faulen Pferden wieder ein Stück Motivation und Begeisterung zurückzugeben. Doch mehr dazu im nächsten Kapitel „Der Werkzeugkoffer".

Übung: Freiraum gewähren

Musikvorschlag:
Santana „Supernatural"
Titel: „Corazon Espinado"

Stecken Sie sich ein Arbeitsviereck von ca. zehn bis zwölf Metern im Quadrat ab. Führen Sie Ihr Pferd in die abgezäunte Fläche und nehmen Sie ihm wenn möglich auch das Halfter ab. Lassen Sie es einfach frei laufen. Wenn Sie ein sehr schwieriges oder gar bösartiges Pferd haben, können Sie diese Übung momentan noch nicht machen. Suchen Sie sich bitte fachkundigen Rat. Die freie Arbeit mit einem schwierigen Pferd kann für einen Ungeübten gefährlich werden.

Bewegen Sie sich in diesem abgegrenzten Raum und schenken Sie Ihrem Pferd dabei keinerlei Beachtung. Gehen Sie Ihren Weg und lassen Sie Ihrem Pferd den seinen. Fällt es Ihnen schwer, Ihre Aufmerksamkeit vom Pferd abzuwenden? Nehmen Sie sich Spielsachen zur Hilfe. Vielleicht einen Fangtrichter mit Ball oder wie hier auf dem Foto, eine Longierpeitsche, mit der Sie jonglieren können. Konzentrieren Sie sich auf Ihr Spiel und vergessen Sie dabei das Pferd. Unterdrücken Sie bewusst den Impuls Ihrem Pferd nachzulaufen, es herzulocken

oder auf es einzuwirken. Gewähren Sie Ihrem Pferd Freiraum, spielen Sie Ihr Spiel und verzichten Sie darauf, Ihren vierbeinigen Mitgenossen im Arbeitsviereck zu kontrollieren und seinen Weg zu bestimmen. Sie werden nach einer Weile vielleicht verblüfft feststellen, dass je weniger Sie von Ihrem Pferd wollen, es sich Ihnen umso interessierter zuwendet.

Erst wenn es uns gelingt, unsere Erwartungen und Wünsche dem Pferd gegenüber fallen zu lassen, entstehen

Freiräume für Freiwilligkeit. Für viele Pferde ist dies ein völlig neues Erlebnis im Zusammensein mit Menschen. Die meisten werden wahrscheinlich entspannt abkauen und ihr Interesse signalisieren. Bei einigen Pferden dauert es manchmal auch viel länger, bis sie sich zu öffnen beginnen. Beenden Sie nach fünf bis zehn Minuten diese Übung und spüren Sie Ihren vielleicht als sehr neu erlebten Empfindungen nach.

Ein paar einfache Grundregeln

Erfolgsdruck ade!

In der Begegnung mit Pferden gibt es kein Ziel, nur einen Weg. Somit ist der Weg auch zugleich das Ziel! Es gibt nichts, was Sie zu einem bestimmten Zeitpunkt erreicht haben sollten. Es spielt auch keine Rolle, was bei anderen bereits funktioniert, wie weit die schon sind. Jede Mensch-Pferd-Beziehung ist einmalig. Wie wollen Sie da Vergleiche anstellen? Entwicklung braucht Zeit. Wenn Sie heute einen Apfelkern in die Erde stecken, stehen Sie ja auch nicht morgen schon mit dem Erntekorb da. Verabschieden Sie sich von dem Gedanken etwas leisten zu müssen. Lernen Sie aufmerksam geschehen zu lassen. Sie werden bald feststellen, dass sich die Parameter für Erfolg völlig verändern. Es ist kein Erfolg, wenn Ihr Pferd ausführt, was Sie von ihm verlangen, dabei aber resigniert und ohne Freude ist. Es ist auch kein Erfolg, wenn es nur so lange funktioniert, so lange Sie Druck ausüben. Erfolg ist, wenn Ihr Pferd freiwillig, begeistert und hoch motiviert, aus einem Gefühl des Vertrauens, der Freundschaft und Hingabe, Ihnen überall hin folgt und nichts ihm wichtiger ist, als mit Ihnen zusammen zu sein. Wenn Sie auf Ihrem Weg dort angekommen sind, könnte man in gewisser Weise von Erfolg sprechen. Nur, Erfolg wird für Sie dann keine Bedeutung mehr haben, Sie werden einfach nur genießen und glücklich sein.

In der Kürze liegt die Würze

Die Begegnung mit dem Pferd im Arbeitsviereck hat nichts mit Quantität sondern ausschließlich mit Qualität zu tun. Es kann passieren, dass Sie in den ersten Minuten im „Sandkasten" bereits mit Ihrem Pferd ein Schlüsselerlebnis haben. Wunderbar, dann ist damit die „Sandkastenarbeit" für heute schon abgeschlossen. Als Richtwert schlage ich vor, nicht länger als fünf bis fünfzehn Minuten im Arbeitsviereck zu bleiben. Ausnahmen bestätigen natürlich auch hier die Regel.

Hüten Sie sich davor, im Arbeitsviereck reine körperliche Ertüchtigung zu betreiben. Das ist kein Platz für stupide Muskeltätigkeit. Wenn Sie bewusst und präsent sind, werden Sie intuitiv spüren, wann Sie die Arbeit beenden sollten. Erteilen Sie Ihrem Ehrgeiz bitte hier ausdrückliches Redeverbot! Machen Sie aus dieser Arbeit bitte kein Pflichtprogramm. Bringen Sie Abwechslung in Ihr Zusammensein mit dem Pferd. Die Arbeit im „Sandkasten" sollte Mensch und Pferd immer ein gutes Gefühl vermitteln.

Lassen Sie die „Hintertüre" offen

Unser Arbeitsviereck ist ein sehr begrenzter Raum. Da kann es leicht passieren, dass sich das Pferd in die Enge getrieben fühlt. Deshalb ist es sehr wichtig, wenn wir uns mit dem Pferd im Arbeitsviereck bewegen, ihm immer einen Fluchtweg offen zu lassen. Wir verzichten hier bewusst auf das Ausüben von Druck. Indem wir dem Pferd eine „Hintertüre" offen lassen, bieten wir ihm zugleich eine Möglichkeit, sich freiwillig für uns zu entscheiden. In ganz seltenen Fällen, die man sehr bewusst wählen sollte, mag es auch Sinn machen, das Pferd „einzusperren". Erinnern Sie sich daran aber bitte erst wieder, wenn Sie bereits einige Erfahrung mit dieser Arbeit gesammelt haben und dieses Mittel jenseits von Machtgelüsten einsetzen können. Wenden Sie es unbewusst an, so wird sich Ihr Pferd nur gegängelt fühlen, sich innerlich verschließen, voller Entsetzen durch die Bänder rennen oder aus dem Arbeitsviereck herausspringen. Im Bezug auf Vertrauen und Freiwilligkeit können Sie nach so einem Vorfall wieder von vorn anfangen.

Die Geschichte mit dem Paukenschlag

Berühmte Komponisten haben schon früh erkannt, dass eine konstante Geräuschkulisse, so wohlklingend sie auch sein mag, auf den einen oder anderen Zeitgenossen reichlich einschläfernd wirkt und die Aufmerksamkeit ins Schlummerland abdriftet. Damit jene Zeitgenossen den restlichen Hörgenuss nicht verschliefen, bauten die Komponisten gelegentlich einen gewaltigen Paukenschlag ein, was ihnen die volle Aufmerksamkeit ihrer Zuhörerschaft wieder für eine Weile sicherte.

Wenn wir eine Reaktion vom Pferd erzielen möchten, setzen wir zunächst ein leises Signal, zum Beispiel eine kleine Bewegung mit der Fahrpeitsche, wird dieses Signal vom Pferd umgesetzt, folgt kein weiteres Signal. Reagiert das Pferd nicht, so wird die Intensität des Signals von Mal zu Mal gesteigert, bis es die gewünschte Reaktion hervorruft. Wenn es sein muss, setzen Sie einen gewaltigen Paukenschlag! Bei jeder unserer Aufforderungen ans Pferd, beginnen wir mit einem schwachen Signal und steigern es nur im Bedarfsfall. Ein Abstumpfen des Pferdes wird dadurch vermieden, und es lernt, auf immer feinere Signale zu reagieren. Wichtig dabei ist, dass Sie nichts einfach auf sich beruhen lassen. Das Pferd gewinnt sonst den Eindruck, Sie meinen es nicht ernst, und wird Sie unter Umständen einfach ignorieren. Setzen Sie bewusst ein klares Signal und beharren Sie bitte auch auf einer Reaktion seitens des Pferdes. Denken Sie an den Leithengst, der klar und entschlossen darauf besteht, dass seinen Anweisungen Folge geleistet wird. Auch er kommuniziert zunächst durch feine Gesten, die dann, wenn sie nicht beachtet werden, sehr massiv werden können.

Die „Moral von der Geschicht" lautet: Konstante Reize stumpfen ab, Impulse hingegen erhalten die Aufmerksamkeit.

Was Pferde und Dieselmotoren gemeinsam haben

Bevor Sie im Arbeitsviereck wild und impulsiv arbeiten, bewegen Sie Ihr Pferd bitte mindestens zehn Minuten im Schritt. Pferde brauchen wie Dieselmotoren eine Aufwärmphase. Schnelle, abrupte Bewegungen stellen für kalte Muskeln, Sehnen, Bänder und Gelenke ein erhöhtes Verletzungsrisiko dar.

Führen Sie Ihr Pferd deshalb vor dem Arbeiten, gehen Sie mit ihm spazieren oder longieren Sie es außerhalb des Arbeitsvierecks ab.

„Jedes Leben steht unter einem eigenen Stern."

HERMANN HESSE

Die Körpersignale   74

Der „Knigge" der Pferdesprache   80

Verstehen Sie „pferdisch"?

Möchten wir nun mit Pferden wirklich in einen Dialog treten, so ist es wichtig, die Sprache der Pferde zu verstehen und sich darin auch einen gewissen „Wortschatz" anzueignen. Beobachten wir Pferde, wie sie untereinander kommunizieren, so stellen wir schnell fest, dass Lautäußerungen wie Wiehern oder Schnauben kaum eine Rolle bei der gegenseitigen Verständigung spielen. Pferde kommunizieren über eine sehr detaillierte Körpersprache. Sie tauschen sich aus, indem sie bestimmte Positionen zueinander einnehmen. Darüber hinaus werden auch bestimmte, sich wiederholende Handlungen erkennbar, die für Pferde offensichtlich einen großen Informationswert besitzen. Durch feinste körperliche Signale, wie etwa ein leises Drehen des Ohres, werden bereits wichtige Botschaften mitgeteilt. Unsere neue Domäne der Verständigung wird also ab jetzt die Körpersprache sein.

Die Körpersignale

Rebekka lässt hier wohl keine Missverständnisse aufkommen.

Als Nächstes ist es wichtig, die Bedeutungen der Körpersignale in der Pferdesprache zu kennen. Was wird mitgeteilt? Einige dieser Signale sind Ihnen, sofern Sie bereits mit Pferden zu tun hatten, sicher vertraut. So sind eng nach hinten angelegte Pferdeohren – na, Sie wissen es bestimmt – richtig, eine Drohgebärde.

Pferde drücken sich mit ihrem ganzen Körper aus. Auch Rebekka, die auf dem Foto abgebildet ist, spricht hier eine unmissverständliche Sprache, oder?

Eine gewisse Anzahl an Gesten kann sehr einfach interpretiert und klar zugeordnet werden. Hier noch einige weitere Körpersignale und deren Interpretation:

Die Botschaft der Ohren

Die Ohren sind der höchste Punkt des Pferdekörpers, sie sind von weitem sichtbar und dienen nicht nur dem Auffangen von akustischen Reizen. Pferdeohren sind darüber hinaus echte „Stimmungsbarometer".

Pashas linkes Ohr ist in Juttas Richtung gedreht, seitlich gekippt und etwas nach unten hängend. Hier spiegelt sich ein Ausdruck der Unsicherheit. Der Ball in Juttas Hand ist ihm nicht ganz geheuer.

Stellung der Ohren	Botschaft
▸ Gespitzt, nach vorn gerichtet, ohne Bewegung	▸ Wachsamkeit, Interesse, Aufmerksamkeit
▸ Gespitzt, nach vorn gerichtet, unruhig	▸ Fluchtbereitschaft
▸ Seitlich gekippt, fast waagerecht	▸ Müdigkeit, Dösen, Resignation
▸ Seitlich gekippt, jedoch nach hinten hängend	▸ Unterwürfigkeit, Unsicherheit
▸ Seitlich nach hinten flach angelegt	▸ Drohgebärde

Haltung von Hals und Kopf

Haltung von Hals und Kopf	Botschaft
Gerundeter Hals, Nasenlinie in der Senkrechten	Imponiergehabe
Kopf und Hals vorgestreckt unter der Waagrechten	Treibhaltung des Hengstes
Schlängelnde Bewegungen von Kopf und Hals	Drohgebärde
Kopfschlagen, auf und ab	Unwille, Unruhe, unterdrückte Aggression
Kopfschütteln seitlich	Vertreiben von Fliegen

Sprache des Schweifes

Haltung des Schweifes	Botschaft
Tragen des Schweifes	Imponiergehabe
Hoch aufgerichteter Schweif	Erhöhte Aufmerksamkeit, Wachsamkeit, Fluchtbereitschaft
Hängender Schweif	Müdigkeit, Dösen, Resignation, Verspannungen, Angst
Eingeklemmter Schweif	Furcht, Unterwürfigkeit, Schmerz
Schlagender Schweif	Vertreiben von Fliegen, Unmut, unterdrückte Aggression

Was uns Maul und Nüstern verraten

Tassilo hatte ich einige Wochen in Beritt. Als ich eines Tages zu ihm kam, drehte er mir in der Box demonstrativ sein Hinterteil zu und signalisierte, dass er seine Ruhe haben wollte. Ich war sehr erstaunt, denn Tassilo war ein sehr kooperatives, motiviertes Pferd. An diesem Tag jedoch wirkte er völlig resigniert. Sei-

Tassilos Maul- und Nüsternpartie ist in kummervolle Falten gelegt.

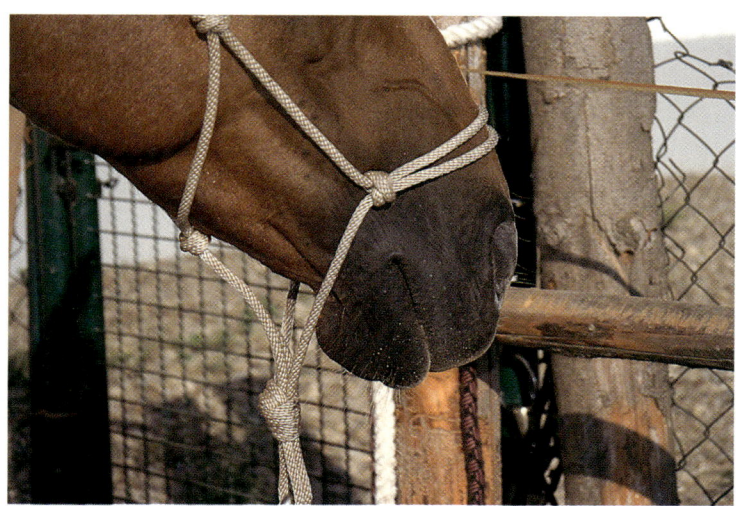

Ausdruck von Maul- und Nüsterpartie	Botschaft
▸ Stark geblähte Nüstern	▸ Erregung, Unruhe, Angst, massive Atemnot
▸ Gekräuselte Nüsternpartie	▸ Widerwille, unterdrückte Aggression
▸ Hartes, angespanntes Kinn	▸ Anspannung, Unwille, unterdrückte Aggression
▸ Entspannte Maul- und Nüsternpartie	▸ Entspannung, Friedfertigkeit, Müdigkeit
▸ Kaubewegungen ohne Futter (Abkauen)	▸ Geistige Tätigkeit, Entspannung
▸ „Mäulchenmachen" beim Fohlen	▸ Unterwürfigkeit

ne Augen waren halb geschlossen, die Maulpartie angespannt und in viele kleine Fältchen gelegt. Die Nüstern waren gekräuselt, wie auf dem Foto gut zu sehen ist. Irgendetwas für ihn sehr Schmerzhaftes oder Unangenehmes musste mit ihm geschehen sein. Als ich die Besitzerin fragte, erklärte sie mir, dass Tassilo am Vortag von einer Interessentin für eine Reitbeteiligung Probe geritten worden war. Die Dame sei wohl mit sehr

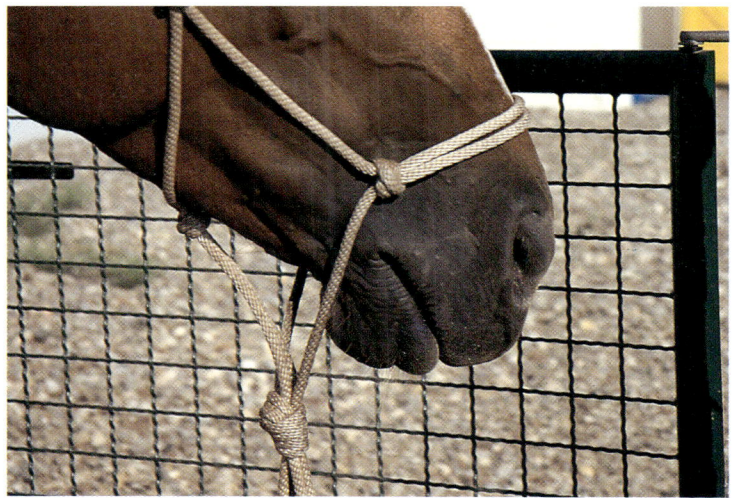

Tassilos Welt ist wieder in Ordnung. Er zeigt ein entspanntes Gesicht.

harter Hand und viel Druck geritten. Da Tassilo sich nachhaltig weigerte, mit dieser Dame zusammenzuarbeiten, war (zum Glück fürs Pferd) aus der Sache schließlich nichts geworden.

Nachdem Tassilo und ich mit viel Spaß und Lob miteinander gearbeitet hatten, entspannte sich auch seine Maul- und Nüsternpartie wieder, und ich war zuversichtlich, dass er sein Negativerlebnis bald wieder vergessen würde.

Auch Ihr Pferd spricht mit Ihnen. Ihre Augen werden Ohren machen, wenn Sie bereit sind, alle Sinne zu öffnen und Ihrer Intuition zu folgen. Betrachten Sie Ihr Pferd vor und nach der Arbeit genau. Sieht es entspannt und zufrieden aus oder eher unzufrieden und missmutig?

Abkauen oder Gähnen des Pferdes sind Zeichen von Entspannung oder geistiger Tätigkeit.

Respektvoll geht Chevalier auf Johannas einladende Geste ein. Dabei kaut er ab (Kaubewegung ohne Futter). Dies ist ein Signal, dass er sich freundschaftlich annähern möchte und Johannas höheren Rang akzeptiert. Das Abkauen ist in den meisten Fällen ein Zeichen von Entspannung, Verarbeitung des Geschehenen oder Akzeptanz der etablierten Rangordnung. Es ist auf jeden Fall ein positives Signal.

Der „Knigge" der Pferdesprache

Pferde sind sehr heikel, was das Thema Annäherung und Kontaktaufnahme untereinander betrifft. Pferde beanspruchen eine große „Intimsphäre" um sich herum. Diese umfasst mehrere Meter Radius. In diese „Intimsphäre" darf ein anderer nicht ohne weiteres eindringen. Da gibt es sozusagen einen „Knigge der Umgangsformen". In diesem Punkt treten wir Menschen meistens ins „Fettnäpfchen". Wir lassen zum Beispiel zu, dass sich uns ein Pferd ohne weiteres annähert, uns vielleicht sogar noch anstupst und um Futter oder Zuwendung bettelt. Das ist ein absoluter Fauxpas aus der Sicht der Pferde. Unter Pferden ist das nämlich sehr streng geregelt:
Dringt ein Herdenmitglied in die „Intimsphäre" eines anderen ein, so gibt es in der Regel drei Möglichkeiten: Ist der Eindring-

ling ranghöher, so wird der Rangniedrigere das Feld räumen. Wagt es ein Rangniedrigerer, sich einem Ranghöheren anzunähern, so wird der Überlegene mit einer Drohgebärde unterschiedlichen Ausmaßes signalisieren, dass der Eindringling sofort wieder Abstand zu nehmen hat. Eine dritte Möglichkeit besteht darin, dass der Ranghöhere dem Rangniedrigeren signalisiert, dass die Annäherung erwünscht ist. Oder es handelt sich um befreundete Pferde, die meist im Rang dicht beieinander stehen. In beiden Fällen ist es jedoch notwendig, dass einer den anderen mit einer Geste wissen lässt, dass er „eingeladen" ist. Ist alles geklärt, kann es mit gegenseitigem Fliegenvertreiben, sozialer Fellpflege oder spielerischer Auseinandersetzung beginnen. Erst wenn die Dominanzfrage geklärt ist, kann Freundschaft geschlossen werden. Dies gilt auch für die Beziehung zwischen Mensch und Pferd.

Annäherung hat für Pferde also unmittelbar mit Rangordnung zu tun. Dulden wir die plumpe Annäherung eines Pferdes, so sind wir in den Augen des Pferdes rangniedriger als es selbst. Auch das Scheuern an unserem Körper ist eine äußerst respektlose Handlung. Schreiten wir da nicht ein und fordern das Pferd auf, unsere „Intimsphäre" zu respektieren, wird es in uns vielleicht einen willkommenen Futterspender sehen, ein „Leittier" aber wohl kaum. Schon im alltäglichen Umgang wird so zwischen Mensch und Pferd bereits eine Rangordnung festgelegt. Ab sofort gilt es, den „Pferde-Knigge" zu beachten!

Freundschaft entsteht, wenn die Rangordnung geklärt ist.

„Es ist nicht genug zu wissen,
man muss es auch anwenden;
es ist nicht genug zu wollen,
man muss es auch tun."

J. W. VON GOETHE

DER „WERKZEUGKOFFER"

Freiwilligkeit als oberstes Prinzip 84

Aufmerksamkeit und Präsenz 88

Der Rangniedrigere muss weichen 102

Führpositionen 110

Hengstposition 122

Die höfliche Einladung 134

Folge mir vertrauensvoll 142

Klären, lernen, gymnastizieren im Spiel 150

Der „Werkzeugkoffer"

Hinweis: Beachten Sie bitte, dass wir den Pferden wie Artgenossen begegnen und vom Pferd demnach auch so behandelt
werden. Seien Sie bei der Arbeit mit Ihrem Pferd stets wachsam und bedenken Sie, dass Ihr Pferd unter Umständen nach
Ihnen beißen oder ausschlagen kann. Überlassen Sie anfangs
bitte die Arbeit mit sehr dominanten, schwierigen oder gar bösartigen Pferden einem Profi auf diesem Gebiet.

Freiwilligkeit als oberstes Prinzip

Dominanz ist eine Voraussetzung für Freiwilligkeit. Das mag
im ersten Moment widersprüchlich klingen, betrachten wir die
Welt aus der Perspektive des Pferdes, wird es verständlicher. Ein
Pferd schließt sich nur einem Ranghöheren an, einem Rangniedrigeren gegenüber übernimmt es selbst die Führung. Be-
trachtet Ihr Pferd Sie nun als ranghöher, sozusagen als sein
„Leittier", wird es Ihnen freiwillig folgen, wo immer Sie hingehen. Es wird auf jede Ihrer Bewegungen achten und nichts lieber tun, als bei Ihnen zu sein und mit Ihnen etwas unternehmen.

*Erkennt Ihr Pferd in
Ihnen sein „Leittier",
wird es Ihnen überall
hin folgen.*

Auch in beängstigenden Situationen wird es sich an Ihrer Reaktion orientieren.

Nehmen Sie hingegen aus dem Blickwinkel des Pferdes eine rangniedrigere Stellung ein, wird das Pferd versuchen, immer wieder selbst die Führung zu übernehmen und widersetzlich reagieren, wenn Sie das nicht zulassen wollen. Das Zusammensein mit dem Pferd wird dann zu einem immer wieder auflodernden Machtkampf. Freiwillig geschieht dann jedenfalls nichts mehr, sondern nur noch unter mehr oder weniger starkem Druck. Doch für uns ist Freiwilligkeit in der Arbeit mit dem Pferd oberstes Gebot, denn nur, wenn das Pferd bereit ist, sich uns aus freien Stücken anzuschließen und mitzumachen, ist die Beziehung zwischen uns und unserem Pferd auch wirklich intakt. Dann ist sie geprägt von Freiheit, Klarheit, Vertrauen, Freundschaft und Dominanz.

Innere Widerstände oder Pferde sind auch nur Menschen

Der größte Teil unseres Verhaltens wird durch unser Unterbewusstsein gesteuert. Das Unterbewusstsein ist wiederum ein gigantischer Speicher unserer Sinneseindrücke, Gedanken, Erfahrungen und Träume. In jeder Situation, die wir erleben, sucht das Unterbewusstsein nach Referenzmustern, das heißt, nach bereits gemachten Erfahrungen, die zur gegenwärtigen Situation passen. Das hilft, Gefahrensituationen schnell zu erkennen und bereits begangene Fehler nicht mehr zu wiederholen. Es beeinflusst unser Verhalten auch nach dem sogenannten Lust-Unlust-Prinzip. Das Unterbewusstsein ordnet alle Eindrücke in zwei Kategorien: vermittelt Lust oder vermittelt Unlust. Sie erleben das tagtäglich. Sie sehen zum Beispiel einen Apfel und haben entweder Lust ihn zu essen oder eben nicht. Ob Ihr Unterbewusstsein beim Anblick eines Apfels mit Lust oder Unlust reagiert, hängt vor allem davon ab, was Sie in Ihrer Erinnerung mit Äpfeln verbinden. Wenn Sie beim letzten Apfel versehentlich den Wurm mitgegessen haben und es im Nachhinein auch angewidert bemerkt haben, werden Sie auf den nächsten Apfel eher mit Unlust reagieren. Erinnern Sie sich hingegen an Ihren wunderbaren Urlaub, in dem Sie in bester Laune einen wunderschönen, köstlich schmeckenden Apfel vom Baum gepflückt haben, wird der Anblick eines Apfels in Ihnen ein „Lustgefühl" verbreiten. Sendet das Unterbewusstsein jedoch Unlustgefühle, so entstehen häufig innere Widerstände, und wir spüren, dass wir etwas nicht tun wollen, versuchen es aufzuschieben oder ganz zu vermeiden. Grund dafür ist, dass das Anstehende in unserer Erinnerung negativ besetzt ist.

In dieser Hinsicht sind Pferde auch nur Menschen. Hat ein Pferd im Zusammensein mit Menschen schlechte Erfahrungen gemacht, reagiert es erst einmal mit großer Unlust, wenn wir mit ihm arbeiten wollen. Es gibt nun Menschen, die haben so unendlich viel Geduld, dass sie so lange warten, bis das Pferd tatsächlich freiwillig mitmacht, auch wenn es Jahre dauern sollte. Diese Menschen verdienen meine größte Hochachtung. Ich muss gestehen, ich verfüge zwar schon über ein gewisses Maß an Geduld, aber ich beschleunige die Dinge auch gerne, wenn ich das Gefühl habe, es ist an der Zeit, das Pferd bewusst damit zu konfrontieren, dass die Zusammenarbeit mit Menschen auch als etwas Positives erlebt werden kann. Im Unterbewusstsein können negative Eindrücke nicht einfach gelöscht, sondern nur durch starke positive Erlebnisse „überschrieben" werden. Wenn nun ein Pferd resigniert in einer Ecke steht, weil es nur Negatives erwartet, kann ich es entweder einfach stehen lassen und hoffen, dass es ihm eines Tages zu langweilig werden wird, oder ich kann ihm aktiv helfen, seinen inneren Widerstand zu überwinden, damit es künftig positive Erfahrungen machen kann. Wie würde sich ein Leittier verhalten, wenn eines seiner Herdenmitglieder sich weigern würde, mit der Herde einen Fluss zu durchqueren, nur weil es sich beim letzten Mal im Wasser verletzt hatte? Wahrscheinlich würde der Leithengst den Nachzügler massiv durch den Fluss treiben und ihm so das Leben retten. Das mag nun dem Prinzip der Freiwilligkeit ein Stück weit widersprechen. Ich denke, in jeder Situation muss neu entschieden werden, welcher Weg dem Pferd am meisten dient. Das Allerwichtigste ist, dass die neue Erfahrung, die das Pferd mit uns Menschen macht, ganz gleich ob aus eigener Initiative oder mit etwas Nachhilfe, vom Pferd als positiv empfunden und demnach auch so abgespeichert wird. Einige Möglichkeiten, Desinteresse, Trägheit oder Widerwillen zu überwinden, finden Sie im Kapitel „Aufmerksamkeit und Präsenz" auf S. 87.

Lassen Sie Ihre Erwartungen los

Gehen wir mit festen Erwartungen an die Begegnung mit unserem Pferd heran, verlagern wir unsere Wahrnehmung sehr stark auf die rationale Ebene. Wir vergleichen das Erlebte mit unserer Erwartung und sind dann enttäuscht, wenn sich unsere Erwartung nicht erfüllt. Das Wunderbare, was vielleicht darüber hinaus passiert ist, oder was hätte sein können, wenn wir uns nicht so auf unsere Erwartung fixiert hätten, kann dann gar nicht zu unserem Bewusstsein durchdringen. Es bleibt kein Platz für Kreativität, Spontaneität und Intuition. Lassen Sie deshalb Ihre Erwartungen los und Sie werden erleben, dass das Zusammensein mit Ihrem Pferd immer wieder kleine und große Wunder für Sie bereit hält.

Seien Sie offen für die großen und kleinen Wunder im Zusammensein mit Ihrem Pferd.

Aufmerksamkeit und Präsenz

„Namasté" – ich grüße das Göttliche in dir.

Das Begrüßungsritual der Inder

In Indien begrüßen die Menschen sich untereinander mit einer tiefen Verneigung und dem Wort „Namasté", was so viel bedeutet wie „Ich grüße das Göttliche in dir". Dieses Begrüßungsritual finde ich sehr schön, denn es erweist dem Gegenüber großen Respekt und Wertschätzung. Sie müssen Ihr Pferd nicht unbedingt mit einer Verbeugung begrüßen, wichtig ist, Sie begrüßen es mit entsprechender Wertschätzung. Grüßen Sie das „Göttliche" in Ihrem Pferd, Sie werden erstaunt sein, welch positiven Effekt das auf die Begegnung mit Ihrem Pferd hat.

Wenn Sie nun zu Ihrem Pferd gehen, halten Sie einen Moment inne, richten Sie sich mental aus und begrüßen Sie es wie einen lieben Freund. Schauen Sie ihm in die Augen und warten Sie auf sein Feedback. Kommt es interessiert näher, drückt sich an die Tür, als wollte es sagen: „Prima, dass du gekommen bist, lass' mich bitte gleich raus!" Oder wendet es sich ab, und in seiner Gedankenblase könnte stehen: „Du schon wieder, muss das jetzt sein?" Vielleicht begrüßt es Sie auch kurz und steckt dann die Nase wieder in den gefüllten Futtertrog. Könnte da die Botschaft nicht lauten: „Nett, dass du mich besuchst, im Moment kommst du nur gerade etwas ungelegen!" Mag sein, dass meine

Interpretationen Ihnen sehr vermenschlicht erscheinen. Wenn Sie sich den Botschaften der Pferde öffnen, werden Sie vielleicht nicht so wie ich, diese Mitteilungen in menschliche Worte fassen, sondern einfach intuitiv erfühlen, was in dem Pferd vorgeht. Pferde können sich sehr gut mitteilen.

Wenn Sie nun Ihr Pferd aufhalftern und rausführen, so tun Sie dies bitte ruhig, freundlich, klar, bestimmt und in dem Bewusstsein, dass Sie nun gemeinsam einen neuen, andersartigen Weg einschlagen. Gedanken an mühevolle Arbeit, Misserfolg, Kampf oder sonstige negative Ereignisse streichen Sie bitte sofort aus Ihrem Bewusstsein. Richten Sie Ihre Gedanken auf Freude, Bewegung, Spiel und gegenseitiges Kennenlernen aus.

Fallen Sie nicht gleich mit der Tür ins Haus

Nun kann es also losgehen. Sie führen Ihr Pferd am Halfter in das Arbeitsviereck, haken das Seil ab und ziehen sich erst einmal zurück und – fallen Sie nicht gleich mit der Tür ins Haus! Dieser Rückzug ist für die weitere Arbeit sehr wichtig. Lassen Sie dem Pferd Zeit und Gelegenheit, das Arbeitsviereck zu erkunden, die Duftnoten seiner Vorgänger zu beriechen und wenn es möchte, sich genüsslich im Sand zu wälzen.

Nutzen Sie die Zeit, um Ihr Pferd zu beobachten. Betrachten Sie es aus der Distanz. Wie ist sein Körperbau, wie bewegt es

Ein Sandbad in Ehren, kann niemand verwehren.

sich? Ist es geschmeidig oder steif? Wie ist der Ausdruck seiner Augen? Richtet es sich stolz auf oder wirkt es eher resigniert? Stimmen Sie sich selbst auf das Pferd ein. Atmen Sie einige Male tief ein und aus, um sich zu entspannen. Richten Sie sich innerlich und äußerlich auf. Nehmen Sie Kontakt zu Ihrer inneren Mitte auf. Machen Sie Ihre Wahrnehmungskanäle auf, schalten Sie auf „Empfang". Seien Sie ganz offen und präsent in der Gegenwart.

Worum geht es, was wollen wir erreichen?

Machen wir uns noch einmal klar, worum es hier geht. Wir wollen mit dem Pferd in seiner Sprache kommunizieren und ihm glaubhaft machen, dass wir über alle Führungsqualitäten verfügen, um sein „Leittier" zu sein. Dabei beachten wir Folgendes:

- Das Pferd schenkt dem Ranghöheren Vertrauen und Aufmerksamkeit
- Der Rangniedrigere richtet sich nach dem Ranghöheren
- Dem Ranghöheren steht es zu, sich an jedem beliebigen Ort aufzuhalten
- Der Ranghöhere kann sich dem Rangniedrigeren jederzeit annähern, der Rangniedrige braucht eine „Einladung"

Zunächst wird es unsere Aufgabe sein, die Aufmerksamkeit des Pferdes zu erlangen. Dabei müssen wir klar Präsenz zeigen, uns unserer selbst sicher sein, wachsam und schnell reagieren.

Tauchen Sie aus der Bedeutungslosigkeit auf

Wenn Sie nun zu Ihrem Pferd in das Arbeitsviereck hineingehen, ist es als erstes wichtig, die Aufmerksamkeit des Pferdes zu gewinnen. Das ist oft gar nicht so leicht. Doch ohne Aufmerksamkeit kann kein Dialog entstehen. Wir werden demnach unserer Intuition folgend in „Leittiermanier" dem Pferd unsere Präsenz zeigen, ohne aufdringlich zu werden.

Ihr Pferd wird nun vielleicht entspannt in einer Ecke stehen und darauf warten, dass etwas geschieht. Manche Pferde werden

im Arbeitsviereck auch erst einmal unruhig und beginnen, nach ihren Artgenossen zu wiehern.

Nehmen Sie sich bitte Ihr Führseil zur Hand und betreten Sie das Arbeitsviereck. Bewegen Sie sich darin, ohne dem Pferd Aufmerksamkeit zu schenken.

Das Pferd wird Sie, wenn Sie darin herumschlendern, kaum wahrnehmen. Ist Ihr Pferd sehr unruhig und rennt aufgeregt auf und ab, müssen Sie sich vorsehen. Wenn es Sie nicht beachtet, kann es Sie einfach umrempeln. Damit dies nicht geschieht, dehnen Sie Ihr Energiefeld aus.

Martina bewegt sich hier lässig schlendernd im Arbeitsviereck. Cortino beachtet sie gar nicht, sie ist für ihn völlig bedeutungslos. Um die Aufmerksamkeit des Pferdes zu bekommen, müssen wir für das Pferd spürbarer und interessanter werden.

Dehnen Sie Ihr Energiefeld aus

Unser Körper ist von einem Energiefeld umgeben. Sie brauchen nicht unbedingt an die Existenz einer Aura zu glauben, um Ihr Energiefeld wahrnehmen zu können. Im täglichen Leben erleben wir das häufig. Wie fühlen Sie sich zum Beispiel, wenn jemand, der Ihnen unsympathisch ist, sich sehr dicht neben Sie stellt?

Übung: Energiefeld

Stellen Sie sich in die Mitte eines Raumes, schließen Sie die Augen und bleiben Sie einige Minuten so stehen, bis Sie sich an diese Situation gewöhnt haben und Sie Ihren Körper gut spüren können. Nun bitten Sie jemanden, sich Ihnen langsam und lautlos anzunähern. Sobald Sie seine Nähe spüren, sagen sie „Halt". Öffnen Sie Ihre Augen und nun werden Sie erstaunt feststellen, dass der- oder diejenige noch eine gewisse räumliche Distanz zu Ihnen hat. Sie konnten seine Anwesenheit spüren, ohne körperlich berührt zu werden. Ihre Wahrnehmungsfähigkeit geht demnach über die Körpergrenze hinaus. Sie können noch einige weitere Versuche starten. Zum Beispiel, ob es einen Unterschied macht, wenn sich jemand von hinten, von vorn oder von der Seite annähert. Wann spüren Sie seine Nähe? Nun gehen wir einen Schritt weiter: Stellen Sie sich wieder mit geschlossenen Augen in den Raum. Konzentrieren Sie sich auf Ihren Solarplexus, dieser befindet sich etwa drei Fingerbreit oberhalb Ihres Bauchnabels. Atmen Sie in diesen Bereich. Hier ist einer Ihrer wichtigsten Energiespeicher. Stellen Sie sich vor, wie sich die Energie in diesem Bereich bei jedem Atemzug verdichtet. Nun lassen Sie diese Energie sich ausdehnen. Stellen Sie sich vor, wie diese Energie aus Ihrem Körper herausfließt und Sie umgibt, wie eine pulsierende Hülle. Dehnen Sie durch die aktivierte Energie aus Ihrem Solarplexus Ihr Energiefeld aus. Richten Sie Ihre Aufmerksamkeit über Ihre Körpergrenze hinaus, fühlen Sie die Energie, die Sie umgibt. Bitten Sie nun Jemanden, sich Ihnen anzunähern. Sagen Sie „Halt", wenn Sie ihn spüren können. Öffnen Sie die Augen.
   Nun werden Sie wahrscheinlich feststellen, dass Sie die Annäherung eines anderen Menschen bereits wesentlich früher

wahrgenommen haben. Ihr Partner, der sich angenähert hat, wird vielleicht auch gespürt haben, dass er Sie deutlicher wahrnehmen konnte als vorher. Üben Sie so oft wie möglich. Ihre Wahrnehmung wird sensibler, und die Kraft Ihres Energiefeldes immer stärker werden. Im Buch „Der Weg mit Pferden – Ein Weg zu mir" finden Sie im Kapitel „Chakras: Unsere Energiezentren im Körper" weitere Informationen und Übungen.

Das ist also Ihr Energiefeld. Pferde haben eine weitaus feinere Wahrnehmung als wir Menschen. Indem Sie Ihr Energiefeld aktivieren und ausdehnen, wird das Pferd Sie wesentlich stärker wahrnehmen. Gerade im begrenzten Raum unseres Arbeitsvierleckes ist die Wirkung auf das Pferd deutlich erkennbar.

Vielleicht haben Sie schon erlebt, dass manche Menschen, sobald sie einen Raum betreten, sofort die Aufmerksamkeit aller Anwesenden auf sich ziehen, ohne dabei etwas gesagt zu haben. Wir spüren, dass von diesen Menschen eine starke Ausstrahlung ausgeht. Diese Spürbarkeit hängt unmittelbar mit dem energetischen Zustand der betreffenden Person zusammen. Auch Sie können Ihren „Energiegenerator" anwerfen und damit Ihre Wirkung sowohl auf andere Menschen, als auch auf Pferde, deutlich erhöhen.

Später einmal werden Sie vielleicht nur noch mit der gebündelten Energie Ihres Energiefeldes auf Ihr Pferd einwirken. Dazu stellen Sie sich vor, Sie verdichten Ihr Energiefeld vor Ihrem Körper zu einem Energiekissen. Visualisieren Sie es als intensives, pulsierendes Licht, das sich vor Ihrem Körper verdichtet. Dann richten Sie diese Energie wie einen Laserstrahl in eine bestimmte Richtung oder auf einen bestimmten Körperteil des Pferdes. Sie werden feststellen, unsichtbares ist nicht zwangsläufig unwirksam. Das Pferd nimmt diese Energie wahr. Je sensibler Sie mit Ihrem Pferd arbeiten, desto feiner wird es auf die Berührung mit Ihrer gebündelten Energie reagieren. Experimentieren Sie einfach ein bisschen.

Zeigen Sie Präsenz

Während Sie sich gemeinsam mit Ihrem Pferd im Arbeitsviereck aufhalten, dehnen Sie Ihr Energiefeld aus und gehen Sie Ihren Weg. Richten Sie sich innerlich und äußerlich auf. Gehen Sie gelassen, selbstbewusst und geradlinig. Mit Ihrem Arbeitsseil können Sie dabei vorwärtskreisen. Achten Sie darauf, dass das Pferd immer einen Fluchtweg frei hat. Es steht Ihnen als Ranghöchstem zu, überall hin zu laufen, jeden Ort des Arbeitsvierecks zu betreten. Sollte Ihr Pferd sich Ihnen annähern wollen, gehen Sie zügiger und machen Sie ein paar Kurven. In den meisten Fällen drehen die Pferden dann wieder ab. Bleibt Ihnen

Signalisieren Sie Ihrem Pferd, dass Sie von ihm nicht behelligt werden möchten.

Ihr Pferd hartnäckig auf den Fersen, wenden Sie sich ihm zu und gehen Sie klar und entschlossen, jedoch ohne jegliche Aggression, einen Schritt mit dem Seil kreisend auf es zu. Sobald es abdreht, gehen Sie wieder Ihren Weg.

Denken Sie immer daran: Sie wollen von ihm nichts, und es hat auch Sie nicht zu behelligen.

Erst, wenn das Pferd seine Aufmerksamkeit auf Sie richtet, jede Ihrer Bewegungen aufmerksam verfolgt, ist eine Basis für den gegenseitigen Austausch geschaffen.

Rückzug schafft Raum für Freiwilligkeit und Aufmerksamkeit

Die größte Herausforderung ist meines Erachtens, ein resigniertes Pferd aus seiner Lethargie zu befreien. Ich habe einige Pferde erlebt, die mit uns Menschen völlig abgeschlossen hatten. Sie standen regungs- und teilnahmslos im Arbeitsviereck, und man hatte den Eindruck, selbst wenn eine Bombe neben ihnen einschlagen würde, hätte es keinerlei Effekt auf sie gehabt. Diese Pferde sind es leid, Menschen an sich heran zu lassen, die immer etwas von ihnen wollen. In der Vergangenheit haben diese Pferde überwiegend die Erfahrung gemacht, dass das Zusammensein mit Menschen von Enttäuschung, Unverständnis oder Schmerz geprägt ist. Würden wir auf ein derartiges Pferd mit Druck einwirken, würden wir die Resignation nur noch verstärken. Es würde sich weiter von den Menschen zurückziehen. Bei solchen Pferden ist es manchmal hilfreich, sie anfangs nur im Arbeitsviereck zu füttern und dann wieder herauszuführen, bis diese Pferde beginnen mit freudiger Erwartung das Arbeitsviereck zu betreten.

In nicht ganz so schwerwiegenden Fällen oder wenn das Pferd eher den Anschein macht, als würde es über den Dingen stehen und bewusst den Menschen im Arbeitsviereck ignorieren, greifen wir in unsere Spielkiste.

Hier spiele ich mit einem genialen Spielzeug: Einem Trichter mit Feder, aus dem man einen kleinen Ball schleudern kann, um ihn dann geschickt aufzufangen. Auf das Fangen muss ich mich so konzentrieren, dass ich „Bon Jour" völlig vergesse. Ich bin ganz bei meinem Spiel. „Bon Jour" geht seinen Angelegenheiten nach. Für mich interessiert er sich nicht.

Nach kurzer Zeit verfolgt er gebannt mein Spiel. Sein Interesse für mich ist geweckt ohne, dass ich ihn dazu aufgefordert hatte. Es macht für Pferde einen gewaltigen Unterschied, ob wir Ihr Interesse erzwingen oder ob sie sich uns aus freien Stücken zuwenden.

Eine andere Möglichkeit besteht darin, sich völlig zurückzu-
ziehen. Jeanette zieht sich hier völlig zurück. Sie beschäftigt
sich mit etwas Interessantem am Boden und beachtet Sunny
überhaupt nicht.

*Je weniger Jeanette von
ihrem Pferd will, desto
interessierter wendet sich
Sunny ihr zu.*

Wie hat Ihr Pferd reagiert?

Wenden wir uns den Pferden zu. Wie hat Ihr Pferd auf Ihre Anwesenheit reagiert? Einige mögliche Verhaltensweisen Ihres
Pferdes habe ich in der folgenden Checkliste aufgelistet. Sie soll
Ihnen als kleine Orientierungshilfe dienen. Die Anregungen,
die ich Ihnen hier geben möchte, sind nur Anhaltspunkte.
Richten Sie sich vor allem nach dem, wie Sie selbst die Situation intuitiv wahrnehmen und folgen Sie Ihren eigenen Impulsen.

Reaktion des Pferdes	Anregungen, was Sie tun können
Pferd zeigt Desinteresse und scheint über allem zu stehen.	Dehnen Sie Ihr Energiefeld aus. Setzen Sie Spielsachen ein. Machen Sie die Übung „Freiraum gewähren". Zeigen Sie Präsenz.
Pferd ist in völlige Resignation und Apathie verfallen. Pferd steht mit geschlossenen Augen da.	Bieten Sie im Arbeitsviereck Ihrem Pferd vorerst nur Futter an. Wenn das Pferd Berührungen genießt, gönnen Sie ihm TTEAM-Touches, Energiearbeit oder Massage.
Pferd rennt unruhig auf und ab, wiehert dabei.	Dehnen Sie Ihr Energiefeld aus. Zeigen Sie Präsenz durch klare, zentrierte Bewegungen. Beanspruchen Sie den Raum für sich. Setzen Sie einen Impuls. Lassen Sie z. B. einen Ball gegen die Hallenwand knallen.
Panik Pferd versucht aus dem Arbeitsviereck auszubrechen.	Bringen Sie Artgenossen in Sichtweite. Machen Sie ruhige, sehr klare, zentrierte Bewegungen. Dehnen Sie Ihr Energiefeld aus. Sprechen Sie Ihrem Pferd beruhigend zu. Aktivieren Sie Ihre Herzensbrücke. Setzen Sie einen Impuls (nur für Geübte). Verteidigen Sie den Ausgang (nur für Geübte).

Vorsicht, Egostolpersteine

In dieser ersten Phase der Begegnung mit dem Pferd geht es um Aufmerksamkeit. Wir tragen alle, wie bereits erwähnt, unsere unsichtbaren Spruchbänder auf der Brust, auf denen steht: Ich möchte beachtet werden, Ich möchte ernst genommen werden. Ich möchte bewundert werden, Ich möchte wichtig sein. Das sind elementare menschliche Grundbedürfnisse. Nun kann es passieren, dass Ihr Pferd Sie einfach ignoriert, nicht beachtet,

Reaktion des Pferdes	Anregungen, was Sie tun können
Pferd nähert sich aufdringlich an und hält keine räumliche Distanz.	Hängen Sie das Pferd durch schnelleres Gehen und Kurven laufen ab. Halten Sie das Pferd mit dem vorwärts kreisenden Seil auf Abstand. Schicken Sie das Pferd mit Hilfe eines Signals, z. B. mit der Fahrpeitsche, weg.
Pferd reagiert aggressiv. Pferd greift Sie an.	Gehen Sie sofort aus der Gefahrenzone. Ziehen Sie einen Sachkundigen hinzu. Sammeln Sie mit einem anderen, leichtführigen Pferd Erfahrungen. Arbeiten Sie an Ihrer eigenen Persönlichkeit und Ihrer Körpersprache. **Nur für Profis:** Dehnen Sie Ihr Energiefeld aus. Aktivieren Sie Ihre Herzensbrücke und setzen Sie so der Aggression nichts entgegen. Übernehmen Sie klar und sicher Führung. Setzen Sie Seil und Fahrpeitsche im Notfall zur Selbstverteidigung ein.

dass Sie für Ihr Pferd völlig unwichtig sind. So eine Erfahrung kratzt am Ego. Wird unser Ego verletzt, neigen wir dazu, mittels Manipulation zur Befriedigung oben beschriebener Bedürfnisse zu gelangen. In unserer Kindheit haben wir uns hierfür bereits eine bestimmte Strategie antrainiert. Wenn Sie mit „Der Weg mit Pferden – Ein Weg zu mir" gearbeitet haben, kennen Sie bereits die vier grundlegenden Strategien, genannt Kontrolldramen. Wir verfallen dabei meist in eines der vier folgenden Verhaltensmuster: Der Einschüchterer, der Vernehmungsbeamte, der Unnahbare und das Arme Ich. In der Arbeit mit Pferden ist es wichtig, sich als klare, entschlossene und verantwortungsbewusste Führungspersönlichkeit zu zeigen. Hier ist kein Platz für Egospiele. Verfallen wir in eines der Kontrolldramen, so be-

Gedanken/Gefühle	Thema	Anregungen
▶ Ich bin enttäuscht, weil mein Pferd mich nicht beachtet. ▶ Ich fühle mich klein, minderwertig und ungeliebt. ▶ Ich bin enttäuscht, weil mein Pferd so undankbar ist. ▶ Ich bin traurig, weil ich nicht einmal für mein Pferd wichtig bin. ▶ Ich bin frustriert und resigniere.	▶ Minderwertigkeits-gefühl ▶ Schwäche ▶ Hilflosigkeit **Kontrolldrama**: Das Arme Ich	▶ Ziehen Sie sich zurück. ▶ Zählen Sie mindestens drei Ihrer hervorragendsten positiven Eigenschaften auf. ▶ Erinnern Sie sich an ein starkes Erfolgserlebnis und lassen Sie es in Ihrer Erinnerung noch einmal ganz lebendig werden. ▶ Atmen Sie in den Bereich des Solarplexus, reichern Sie dort Energie an. ▶ Richten Sie sich körperlich auf und stellen Sie sich vor, wie Ihr Atemstrom Ihren Körper mit Energie durchflutet. ▶ Aktivieren Sie Ihren „inneren Samurai" und lassen Sie ihn klar und entschlossen mit dem Pferd arbeiten.
▶ Es ärgert mich, dass sich mein Pferd nicht nach mir richtet. ▶ Ich fühle mich unsicher, weil es sich frei bewegt, und ich keine Kontrolle über es habe. ▶ Ich möchte mein Pferd im Griff haben. ▶ Ich möchte in seinen Weg eingreifen und kann mich nicht auf meinen Weg konzentrieren. ▶ Keine Kontrolle über das Pferd zu haben macht mir Angst.	▶ Kritik ▶ Kontrolle **Kontrolldrama**: Der Vernehmungs-beamte	▶ Ziehen Sie sich zurück. ▶ Entspannen Sie Ihre Körperhaltung und Ihre Augen. ▶ Atmen Sie einige Male tief ein und aus und stellen Sie sich vor, wie Sie bei jedem Ausatmen die Anspannung verlässt. ▶ Lassen Sie Ihren Blick unscharf und sanft werden. ▶ Beginnen Sie mit der Übung „Freiraum gewähren" (S. 68).

deutet dies das Ende von Freiwilligkeit und Führungskompetenz. Wir haben die Möglichkeit durch Erkennen unseres Verhaltens hier korrigierend einzuschreiten. Ein erster Schritt hierzu ist sich seines Verhaltens und seiner Motive bewusst zu werden.

Gedanken/Gefühle	Thema	Anregungen
▸ Ich werde wütend, weil das Pferd mich nicht beachtet. ▸ Ich möchte, dass es sich meinem Willen beugt. ▸ Meine Machtlosigkeit macht mich zornig. ▸ Ich möchte es am liebsten mit der Peitsche schlagen, damit es merkt, dass ich wichtig bin.	▸ Aggression ▸ Wunsch zu Unterwerfen ▸ Machtgelüste **Kontrolldrama**: Der Einschüchterer	▸ Ziehen Sie sich zurück. ▸ Atmen Sie bewusst langsam und gleichmäßig und stellen Sie sich vor, wie der in Ihnen gestaute Druck bei jedem Ausatmen Ihren Körper verlässt. ▸ Entspannen Sie Ihre Augen. ▸ Lenken Sie Ihren Atem auf die Region Ihres Herzens. ▸ Lassen Sie dort ein liebevolles Gefühl entstehen. ▸ Schenken Sie sich selbst ein Lächeln. ▸ Wenn Sie sich gefasst haben, gehen Sie zu Ihrem Pferd und berühren Sie es sanft. ▸ Beenden Sie danach die Arbeit mit dem Pferd.
▸ Das Desinteresse meines Pferdes lässt mich innerlich auf Distanz gehen. ▸ Ich ziehe mich in mich zurück. ▸ Ich erlebe das Geschehen wie ein außen stehender Beobachter. ▸ Ich fühle mich getrennt von meinen Gefühlen. ▸ Ich möchte einfach weggehen.	▸ Verschlossenheit ▸ Distanz ▸ Innerer Rückzug **Kontrolldrama**: Der Unnahbare	▸ Gehen Sie auf Ihr Pferd zu. ▸ Schauen Sie ihm in die Augen. ▸ Machen Sie dabei Ihr eigenes „Seelenfenster" auf. ▸ Lassen Sie die Verbindung, die dabei entsteht, zu. ▸ Aktivieren Sie Ihre Herzensbrücke. ▸ Stellen Sie sich vor, wie sich Ihr Energiefeld mit dem Ihres Pferdes verbindet. ▸ Machen Sie die Übung „Kontakt aufnehmen" auf S. 112.

Diese kindlichen Verhaltensmuster können wir, wenn wir sie uns bewusst machen, nun ablegen. Das Pferd will uns nicht persönlich kränken oder zurückweisen. Sein Desinteresse zeigt uns nur, dass es uns noch nicht als freie, starke, autarke Führungspersönlichkeit wahrnimmt und wir noch etwas an unseren Qualitäten feilen müssen.

Sehen Sie in der Reaktion Ihres Pferdes bitte nie eine persönliche Herabsetzung oder Beleidigung. Lassen Sie sich davon nicht entmutigen, sondern suchen Sie nach Lösungsmöglichkeiten.

Öffnen Sie Ihr eigenes Seelenfenster und aktivieren Sie Ihre Herzensbrücke.

Der Rangniedrigere muss weichen

Warum der imaginäre Heuhaufen Ihnen zusteht

Stellen Sie sich bitte folgende Situation vor. Mehrere Pferde befinden sich auf einer eingezäunten Fläche. Nun kommt Jemand, bringt einen Ballen Heu und legt ihn in die Mitte des Platzes. Was wird nun geschehen? Jedes Pferd möchte natürlich fressen. Ist eines am Heuhaufen, und es kommt ein rangniedrigeres, wird der Heuhaufen mit einer Drohgebärde verteidigt. Kommt nun hingegen ein Ranghöherer, wird der Rangniedrigere das Feld räumen. Nun steht der Ranghöhere am Heuhaufen und frisst. Sind die Pferde gut befreundet, und ist die Rangordnung unter den Pferden geklärt, können auch mehrere Pferde gleichzeitig am Heuhaufen sein und fressen.

Man könnte ganz salopp sagen: Der „Ober" sticht den „Unter". Genau diese Heuhaufensituation machen wir uns nun zu Nutze, um unserem Pferd zu signalisieren, dass wir ranghöher

Hier werden Besitzansprüche geregelt. „Bon Jour" verteidigt mit angelegten Ohren sein Heu. „La France", ebenfalls hohen Ranges, zeigt Missbilligung. Minuten später fressen sie gemeinsam.

Die Schimmelstute „Glockenspiel" ist rangniedrig. Sie hat keine Chance, vom Heu etwas abzubekommen.

sind. Als Leittier haben wir es nicht nötig, um den Heuhaufen zu kämpfen. Wir kommen einfach, und Kraft unserer Ausstrahlung von Führungskompetenz nehmen wir uns völlig selbstverständlich, was uns zusteht.

Den Raum des Pferdes einnehmen

Wenn Sie erreicht haben, dass Ihr Pferd Sie aufmerksam wahrnimmt, warten Sie ab, bis es irgendwo stehen bleibt. Richten Sie sich nun innerlich und äußerlich zu Ihrer wahren Größe

Gehen Sie aufrecht, klar und sicher. Richten Sie sich innerlich und äußerlich zu Ihrer wahren Körpergröße auf. Aktivieren Sie Ihre Führungskompetenz (abgeankerte Geste) und bauen Sie Ihr Energiekissen auf. Dabei können Sie Ihr Seil vorwärts kreisen lassen. Tun Sie dies ruhig und gelassen, keinesfalls aggressiv.

Gehen Sie in gerader Linie auf die Hinterhand des Pferdes zu. Machen Sie sich bewusst, dass Ihnen der imaginäre Heuhaufen einfach zusteht. Es geht Ihnen nicht darum, Ihr Pferd zu verscheuchen, sondern einzig und allein um den Heuhaufen. Fokussieren Sie beim Gehen den imaginären Heuhaufen, nicht das Pferd.

auf. Aktivieren Sie Ihre „Samurai-Anker" und Ihre Herzbrücke. Dehnen Sie Ihr Energiefeld aus und richten sie es, wie einen Laserstrahl, auf die Hinterhand Ihres Pferdes. Laufen Sie nun, auf gerader Linie, sicheren Schrittes auf die Hinterhand Ihres Pferdes zu. Nähern Sie sich so an, dass Ihr Pferd einen Fluchtweg nach vorn offen hat. Um Ihrer Annäherung noch etwas mehr Nachdruck zu verleihen, können Sie dabei das Seil vorwärts kreisen lassen. Setzt sich das Pferd bei Ihrer Annäherung

Beim Heuhaufen angekommen, bleiben Sie stehen und zeigen Sie Interesse an diesem Platz (z.B. durch Scharren am Boden). Das zeigt dem Pferd, dass es Ihnen wirklich nur darum geht. Jede Ihrer Handlungen sollte geprägt sein von Ruhe und Gelassenheit. Sie sind als „Leittier" Meister dieser Situation.

nicht in Bewegung, werfen Sie das Seil auf den Boden, hinter das Pferd. Tun Sie dies bitte noch, bevor Sie in Trittweite der Hinterhufe kommen. Achten Sie darauf, dass das Werfen kraftvoll aber nicht aggressiv wirkt. Räumt das Pferd nun das Feld, nehmen Sie demonstrativ seinen Platz ein. Bleiben Sie stehen und verweilen Sie an dieser Stelle eine Weile. Beobachten Sie Ihr Pferd nur aus den Augenwinkeln. Wie hat es reagiert? Kaut es ab? Oder reagiert es aggressiv und missmutig?

Nehmen Sie auf diese Weise noch einige Male den Raum Ihres Pferdes ein. Geht das Pferd willig, sobald Sie sich nähern, beenden Sie diese Übung.

Anregung: Bevor Sie mit Ihrem Pferd arbeiten, machen Sie diese Übung am besten mit einem zweibeinigen Partner, und bitten Sie ihn, Ihnen ein ehrliches Feedback zu geben. Wichtig ist, wie Sie gehen, Ihre Körpersprache und der Gesamtausdruck. Vermeiden Sie jede Form von Aggression. Wer klare Führungsqualitäten zeigt, braucht nicht zu kämpfen.

Üben Sie sich bitte auch in der Handhabung des Seiles. Lassen Sie es kreisen und lernen Sie, es zielsicher zu werfen. Gehen Sie geradewegs mit dem kreisenden Seil auf Ihren Übungspartner zu und stellen Sie sich vor, einfach durch ihn hindurch zu laufen. Tritt Ihr Partner nicht zur Seite, wird er vom Seil getroffen – seine freie Entscheidung! Bitten Sie um ein Feedback, wie er Ihre Annäherung empfunden hat.

Was meint Ihr Pferd dazu?

Reaktion des Pferdes	Anregungen, was Sie tun können
▶ Pferd bleibt nie stehen, ist sehr unruhig.	▶ Beginnen Sie mit den Anregungen zu „Aufmerksamkeit und Präsenz", S. 88ff.
▶ Pferd bleibt völlig ungerührt stehen, weicht nicht aus.	▶ Überprüfen Sie, ob das Pferd Sie tatsächlich wahrnehmen und sehen konnte. ▶ Waren Ihre Bewegungen klar, sicher, souverän? Oder vielleicht unsicher und zögerlich? ▶ Üben Sie mit einem zweibeinigen Partner, gehen Sie dabei entschlossen und mit der Vorstellung, dass Sie durch den Partner hindurchgehen würden, falls dieser nicht weicht. Fragen Sie Ihren Partner, ob er ein Zögern Ihrerseits spüren kann, wenn Sie auf Ihn zugehen. Erst wenn Sie sich ganz sicher fühlen, arbeiten Sie weiter mit Ihrem Pferd. ▶ Werfen Sie aus einigen Metern Entfernung das Seil hinter die Hinterhand des Pferdes auf den Boden (Karabinerende in der Hand behalten!).
▶ Pferd bleibt teilnahmslos stehen, hat völlig abgeschaltet.	▶ Beginnen Sie mit den Anregungen zu „Aufmerksamkeit und Präsenz", S. 88ff.

Vorsicht, Egostolpersteine

Auch diese Übung ist dazu angetan, uns in die unterschiedlichsten emotionalen Zustände zu versetzen. Zeigt uns unser Pferd zum Beispiel „die kalte Schulter" oder bedankt sich für unsere liebevolle Fürsorge mit einem gezielten Auskeilen in unsere Richtung, so ist es eine echte Herausforderung, trotzdem ruhig und gelassen zu bleiben. Das Pferd zeigt uns, wo wir als Führungspersönlichkeit momentan stehen, das vermittelt uns

Reaktion des Pferdes	Tipps
- Pferd zeigt eine Drohgebärde (Ohren anlegen, kickendes Hinterbein, schlingernde Bewegungen von Kopf und Hals). - Pferd weicht nicht oder nur sehr widerwillig.	- Überprüfen Sie Ihren Gang und Ihre Körperhaltung im Hinblick auf Unsicherheiten oder Aggression. Bitten Sie eventuell einen Außenstehenden um sein Feedback. - Mit welchen Gedanken haben Sie sich Ihrem Pferd angenähert? Überprüfen Sie Ihre Motivation. Es geht nicht um Siegen sondern um Führen. - Aktivieren Sie Ihre „Samurai-Anker", S. 52. - Werfen Sie das Seil hinter das Pferd. Achten Sie darauf, dass diese Geste klar und sicher wirkt, keinesfalls ängstlich oder aggressiv.
- Pferd springt kopflos davon.	- Achten Sie auf Ihre Körpersprache. Gehen Sie ruhig und gelassen wie ein „Leittier" auf Ihr Pferd zu und nicht blindwütig wie ein Stier auf das rote Tuch des Toreros. - Machen Sie ruhige, zentrierte Bewegungen. - Aktivieren Sie Ihre Herzensbrücke. - Stoppen Sie das Kreisen des Seiles, aktivieren Sie nur Ihr Energiekissen. - Richten Sie Ihr Bewusstsein darauf aus, dass es nur um den „Heuhaufen" geht, nicht um ein Verscheuchen des Pferdes.

unter Umständen eine schmerzliche Einsicht und schmeichelt in den seltensten Fällen unserem Ego. Doch wir haben uns auf den Weg gemacht, mit und durch unsere Pferde unsere Persönlichkeit zu stärken und über unsere Selbstgefälligkeit hinauszuwachsen. Nehmen Sie die Botschaft Ihres Pferdes als momentanen Ausgangspunkt zur Kenntnis und arbeiten Sie daran, ihn zu verändern, im Kleinen und Stück für Stück.

Gedanken/Gefühle	Thema	Anregungen
Mein Pferd ist stehen geblieben und hat mich „auflaufen lassen":	► Minderwertigkeits-gefühl	► Ziehen Sie sich zurück.
► Ich fühle mich klein und hilflos.	► Schwäche	► Schließen Sie die Augen und atmen Sie Energie in Ihren Körper.
► Nicht einmal mein Pferd hat Respekt vor mir.	► Hilflosigkeit	► Stellen Sie sich vor, wie diese Energie sich um Sie herum ausbreitet, sie umhüllt sind von dieser Energie.
► Du (das Pferd) bist gemein.		
► Ich kann das nicht.	**Kontrolldrama:**	
► Ich werde es nie schaffen.	Das Arme Ich	
		► Lassen Sie ein Gefühl innerer Stärke in Ihrem Solarplexus entstehen.
Mein Pferd hat den Platz frei gegeben:		► Bauen Sie Ihr Energiekissen auf.
► Das war Zufall.		► Gehen Sie wieder in das Arbeitsviereck.
► „Ja, aber...."		► Richten Sie sich innerlich und äußerlich auf.
		► Aktivieren Sie das Gefühl von Stärke.
		► Lassen Sie das Seil langsam aber kraftvoll kreisen.
		► Richten Sie Ihr Energiekissen auf die innere Hinterhand des Pferdes, wenn Sie seinen Raum einnehmen.
		► Werfen Sie das Seil schwung-voll hinter die Hinterhand des Pferdes, ohne dabei ins Stocken zu geraten.

Gedanken/Gefühle	Thema	Anregungen
Mein Pferd ist stehen geblieben und hat mich „auflaufen lassen": ▸ Es ärgert mich, dass sich mein Pferd nicht nach mir richtet. ▸ Keine Kontrolle über das Pferd zu haben, macht mir Angst. ▸ Das werde ich schon noch in den Griff kriegen. ▸ Nächstes Mal werfe ich das Seil und mache ihm Beine. **Mein Pferd hat den Platz frei gegeben:** ▸ Am liebsten würde ich ihm gleich nachlaufen und seinen Weg bestimmen. ▸ Es gibt mir ein Gefühl von Kontrolle über das Pferd.	▸ Kritik ▸ Kontrolle **Kontrolldrama**: Der Vernehmungs-beamte	▸ Nehmen Sie sich Spielzeug. ▸ Machen Sie die Übung „Frei-raum gewähren" auf S. 68. ▸ Wenn Sie wieder völlig gelas-sen sind, nehmen Sie nochmals den Raum Ihres Pferdes ein. ▸ Entspannen Sie dabei Ihre Kör-perhaltung und Ihre Augen. ▸ Atmen Sie ruhig und gleich-mäßig. ▸ Wenn das Pferd den Raum frei-gibt, schauen Sie ihm nicht nach!
Mein Pferd ist stehen geblieben und hat mich „auflaufen lassen": ▸ Ich werde wütend, weil das Pferd mich nicht beachtet. ▸ Ich möchte, dass es sich meinem Willen beugt. ▸ Ich lasse wild das Seil kreisen und den Endknoten hart und geräuschvoll auf dem Boden aufschlagen. ▸ Ich werfe das Seil mit voller Wucht. **Mein Pferd hat den Platz frei gegeben:** ▸ Es gibt mir ein Gefühl von Genugtuung und Macht.	▸ Aggression ▸ Wunsch zu Unter-werfen ▸ Machtgelüste **Kontrolldrama**: Der Einschüchterer	▸ Ziehen Sie sich zurück. ▸ Entspannen Sie Ihre Körperhal-tung und Ihre Augen. ▸ Atmen Sie ruhig und gleich-mäßig. ▸ Wenn Sie sich beruhigt haben, aktivieren Sie Ihre Herzens-brücke. ▸ Machen Sie die Übung „Kon-takt aufnehmen" auf S. 112.

Gedanken/Gefühle	Thema	Anregungen
Mein Pferd ist stehen geblieben und hat mich „auflaufen lassen":	▶ Verschlossenheit ▶ Distanz ▶ Innerer Rückzug	▶ Machen Sie sich bewusst, dass Sie gerade den „Schutzpanzer der Unnahbarkeit" tragen.
▶ Ich ziehe mich in mich zurück. ▶ Ich erlebe das Geschehen wie ein außen stehender Beobachter. ▶ Ich möchte einfach weggehen.	**Kontrolldrama:** Der Unnahbare	▶ Stellen Sie sich vor, wie Sie Ihre Rüstung ablegen. ▶ Machen Sie Ihr „Seelenfenster" auf. ▶ Nehmen Sie Körperkontakt zu Ihrem Pferd auf.
Mein Pferd hat den Platz frei gegeben: ▶ Es gibt mir kein besonderes Gefühl.		▶ Berühren und fühlen Sie es bewusst. ▶ Aktivieren Sie Ihre Herzens-brücke. ▶ Lassen Sie das entstehende Gefühl von Nähe zu.

Führpositionen

▬ Wer anschafft, geht vorn

In der Pferdeherde geht der, der das Sagen hat, vorn. An der Spitze zu gehen ist Aufgabe der Leitstute. Sie führt die Herde an, ihr folgen alle unmittelbar und vertrauensvoll. Der Rest der Herde folgt in der bereits festgelegten Rangordnung. Die Position, die das Pferd einnimmt, wer vor und wer hinter ihm geht, spiegelt seinen Platz in der Herdenhierarchie wider. Überholmanöver rangniedriger Herdenmitglieder sind demnach ein Infragestellen der etablierten Rangordnung.

Für uns Menschen ist das ein wesentlicher Gesichtspunkt, und bereits beim Führen des Pferdes passieren oft gravierende Fehler. Lassen wir beim Führen zu, dass das Pferd uns überholt, erweckt das beim Pferd den Eindruck, es sei ranghöher als wir. Wenn wir da nicht einschreiten, bedeutet das für das Pferd, dass wir das Geschehene akzeptieren. Die Rangordnung droht zu kippen.

Leider wird noch immer vielerorts das Führen von Pferden nicht pferdegerecht gelehrt. Aus der Sicht der Pferde ist das Führen auf Schulterhöhe des Pferdes eigentlich gar kein Führen, sondern der Mensch, der den Führstrick in der Hand hält, läuft im Schutz des Pferdes! Auf Schulterhöhe und noch etwas weiter dahinter laufen die Fohlen im Schutz der Mutterstute. Wen wundert es, wenn Pferde, die auf diese Art geführt werden, dem Trugschluss erliegen, sie müssten uns Menschen führen und uns zeigen, wo es langgeht. Missverständnisse zwischen Mensch und Pferd sind da vorprogrammiert.

Hinzu kommt, dass die handelsüblichen Führstricke zum pferdegerechten Führen viel zu kurz sind. Wenn Sie sich noch an den „Knigge" der Pferdesprache erinnern, so haben wir dort beobachtet, dass Pferde eine relativ große „Intimsphäre" um sich herum haben, die nicht ohne weiteres von Rangniedrigeren betreten werden darf. Mit dem kurzen Führstrick geht das Pferd nun zwangsläufig sehr dicht am Menschen. Es dringt so in unsere „Intimsphäre" ein und wird dadurch in seiner Annahme bestärkt, gleichrangig oder sogar höherrangig als wir zu sein.

Führen bedeutet Anführen, Voraneggehen mit räumlicher Distanz.

Führen bedeutet Anführen, Vorneweggehen mit räumlicher Distanz zwischen Mensch und Pferd. Ob Sie dabei rechts oder links von Ihrem Pferd gehen, spielt überhaupt keine Rolle.

Übung: Kontakt aufnehmen

Musikvorschlag: Adiemus „Songs of Sanctuary" Titel: „Hymn"

Führen Sie Ihr Pferd am Halfter mit dem Führseil in das Arbeitsviereck. Aktivieren Sie Ihre Herzensbrücke und streicheln Sie es sanft. Stellen Sie sich etwa eineinhalb Meter frontal vor Ihr Pferd, das Führseil hängt locker durch. Fassen Sie das Seil mit einer Hand etwa einen Meter vom Pferdekopf entfernt, den Rest des Seiles belassen Sie in Schlaufen in der anderen Hand. Die Hand, die nun dem Pferdekopf am nächsten ist, bleibt immer zwischen Ihnen und Ihrem Pferd. Stellen Sie sich vor, wie

Stellen Sie sich vor, Ihre Hand sei ein Magnet, von dem das Pferd magisch angezogen wird.

Ihre Herzensenergie durch diese Hand zu Ihrem Pferd hinüberfließt. Genießen Sie das Gefühl der Verbundenheit, das dadurch entsteht. Öffnen Sie Ihr „Seelenfenster" und schauen Sie Ihrem Pferd in die Augen. Wenden Sie dann den Blick ab und richten ihn auf Ihre Hand.

Nun bewegen Sie ganz langsam Ihre Hand nach rechts und links. Machen Sie mit Ihrer Hand langsame, einladende Gesten. Folgt Ihr Pferd mit seiner Aufmerksamkeit Ihrer Hand, machen Sie einen Schritt zur Seite und beobachten Sie, ob Ihr Pferd Ihnen folgt. Richtet Ihr Pferd seine Aufmerksamkeit ganz auf Ihre Hand, treten Sie einen Schritt zurück und suggerieren

Sie Ihrem Pferd, es solle Ihnen folgen. Das Seil hängt dabei immer durch! Begnügen Sie sich anfangs mit einigen Augenblicken, in denen das Pferd Ihnen seine ganze Aufmerksamkeit schenkt. Nur das, was das Pferd Ihnen freiwillig entgegenbringt, zählt.

Folgt das Pferd Ihrer einladenden Hand wie einem Magneten, können Sie daraus die erste Führposition, die Führposition von vorn, entstehen lassen.

Frontale Führposition

Aus der Übung „Kontakt aufnehmen" können wir nun sehr leicht das Führen von vorn entwickeln. Diese eignet sich vor allem für Pferde, die gerne überholen oder für Pferde, die ängstlich und zögerlich sind.

Eine Hand bleibt wieder, sozusagen als Brücke, zwischen Ihnen und Ihrem Pferd. Das Seil hängt wie immer durch. Gehen Sie einen Schritt zurück und lassen Sie das Pferd folgen. Strahlen Sie wie eine Leitstute Ruhe, Selbstsicherheit und Vertrauenswürdigkeit aus. Gehen Sie so einige Schritte rückwärts. Ihre Körperhaltung ist dabei entspannt, ein klein wenig geduckt. Ihr Blick sanft und leicht gesenkt.

Versucht nun das Pferd den Abstand zwischen Ihnen zu verringern und rückt dadurch zu dicht auf, stoppen Sie es, indem Sie sich abrupt zu Ihrer vollen Größe aufrichten und die Hand mit dem Seil anheben. Ihre Hand wird zur Barriere zwischen Ihnen und Ihrem Pferd.

Üben Sie Führen und Stoppen.

Üben Sie so Folgen und Stoppen. Achten Sie bitte darauf, dass Ihre Körpersprache klar und eindeutig ist. Übertreiben Sie anfangs ruhig ein bisschen.

Hält Ihr Pferd die gewünschte räumliche Distanz ein, können Sie zur seitlichen Führposition wechseln.

Seitliche Führposition

Bei dieser Führposition geht Ihr Pferd seitlich versetzt mit einigem Abstand hinter Ihnen. Ob Sie von rechts oder links führen, bleibt Ihnen überlassen. Im Straßenverkehr empfehle ich von links zu führen, damit das Pferd auf der dem Verkehr abgewandten Seite gehen kann. Am Besten wechseln Sie die Seiten öfter mal. Gehen Sie zügig und entschlossen Ihren Weg. Ihr Arbeitsseil hängt locker durch. Achten Sie darauf, dass es weder auf dem Boden schleift noch gespannt wird. Bei dieser Art zu führen bedarf es Ihrer Aufmerksamkeit und Flexibilität. Geben Sie Seil nach, wenn nötig, rollen Sie es auf, bevor es zu lang wird und das Pferd Gefahr läuft, draufzutreten.

In der dem Pferd abgewandten Hand halten Sie Ihre Fahrpeitsche oder eine lange Gerte. Sie dient Ihnen als verlängerter Arm und wenn nötig auch als „Abstandshalter".

Beim Führen des Pferdes sollte das Seil immer leicht durchhängen.

Achten Sie darauf, dass das Pferd stets seitlich versetzt hinter Ihnen läuft. Unterbinden Sie es sofort, wenn Ihr Pferd direkt hinter Ihnen, sozusagen in Ihrem „Windschatten" geht. In dieser Position fängt es nämlich an, Sie zu treiben und die Rangordnung wird flugs gekippt. Mit Hilfe der Fahrpeitsche können Sie klar und ohne großen Aufhebens das Pferd wieder in eine seitliche Position bringen. Wichtig ist nur, dass Sie sofort reagieren und korrigieren. Signalisieren Sie Ihrem Pferd, dass es ebenfalls stehen bleiben soll, wenn Sie anhalten. Stoppen Sie abrupt und erheben Sie dabei die Hand, die dem Pferdekopf am nächsten ist. Meistens bedarf es dieses Signals auch gar nicht, und das Pferd bleibt von sich aus neben Ihnen stehen, sobald Sie anhalten.

Lassen Sie Ihr Pferd auf keinen Fall überholen. Reagieren Sie darauf sofort und konsequent. Schlingern Sie mit dem Seil, wedeln Sie mit der Fahrpeitsche vor dem Pferd, machen Sie, wenn es sein muss, einen wilden Affentanz, aber lassen Sie Ihr Pferd auf gar keinen Fall überholen.

Lässt sich ein Pferd gut führen, so macht es natürlich auch riesig Spaß gemeinsam mit ihm und einigen Freunden, die Natur zu erleben. Doch ehe man sich versieht, wird aus dem Führenden ein Getriebener. Seien Sie also stets auf der Hut.

Kleine Herausforderungen

Lassen Sie sich bitte nicht dazu verleiten, am Seil zu ziehen. Auf Zug folgt Gegenzug.

Weigert sich Ihr Pferd, Ihnen zu folgen, lassen Sie sich bitte nicht dazu hinreißen, am Seil zu ziehen. Ihr Pferd würde, wie hier „Chevalier", sofort mit Abwehr reagieren und Sie womöglich in einen Machtkampf verstricken. Wer kämpft hat schon verloren.

Geben Sie in solchen Fällen lieber nach, lassen Sie das Seil locker, aktivieren Sie Ihre Herzensbrücke und beweisen Sie Ihrem Pferd, dass Sie die Führungsqualitäten einer Leitstute besitzen. Läuft Ihr Pferd trotzdem noch nicht mit, machen Sie einige Schritte seitlich, bis Ihr Pferd sich ebenfalls dreht. Sobald sich das Pferd bewegt, gehen Sie wieder, mit einer einladenden Geste, einen Schritt zurück.

Will es Ihnen daraufhin immer noch nicht folgen, gehen Sie auf Ihr Pferd zu, berühren Sie es und lassen Sie es durch Ihre Finger spüren, dass Sie das alles nur für das Pferd und in seinem Sinne tun. Geben Sie Ihrem Pferd das Gefühl, bei Ihnen sicher und geborgen zu sein. Bleiben Sie gelassen und begnügen Sie sich anfangs mit kleinen Erfolgen. Zum Einstieg hilft Ihnen auch die Übung „Kontakt aufnehmen" auf S. 112.

Meines Erachtens der größte Erfolg ohnehin darin liegt, der Versuchung zu widerstehen, Druck und Macht auszuüben.

Geben Sie Seil nach und zeigen Sie Führungsqualitäten wie eine Leitstute.

Vorsicht Überholmanöver

Rückt Ihnen Ihr Pferd zu dicht auf den Leib, bringen Sie das Seil zum Schlingern. Richten Sie sich dabei körperlich zu Ihrer vollen Größe auf. Im Bedarfsfall können Sie auch einen entschlossenen Schritt auf das Pferd zu machen und ihm so signalisieren, dass Sie ihm nicht Platz machen werden. Bei dieser Art des Einsatzes unseres Arbeitsseiles zeigt sich, ob Sie einen guten Karabiner gekauft haben. Schlechte Karabiner öffnen sich dabei manchmal.

Durch Schlingern des Seiles bringen Sie das Pferd auf Abstand.

Reicht heftiges Schlingern mit dem Seil nicht aus, wedeln Sie mit der Fahrpeitsche vor den Vorderbeinen des Pferdes. Geben Sie dem zurückweichenden Pferd Seil nach.

Reicht auch ein heftiges Schlingern des Seiles nicht aus, um das Pferd auf Abstand zu halten und Ihre „Intimsphäre" zu sichern, setzen Sie die Fahrpeitsche ein. Die Einsatzmöglichkeiten sind hier vielfältig: Versuchen Sie es mit einfachem Zeigen und Hochhalten, reicht das nicht aus, wedeln Sie damit vor den Vorderbeinen des Pferdes. Fangen Sie sachte an und steigern Sie es nur im Bedarfsfall. Weicht Ihr Pferd dabei zurück, geben Sie unbedingt Seil nach. Wenn das Pferd Ihren Raum respektieren möchte, darf es dabei nicht festgehalten werden. Sie sehen, wie nützlich es ist, ein Arbeitsseil statt einem Führstrick zu verwenden. Beachten Sie bitte: Das Schlingern des Seiles oder das Wedeln der Fahrpeitsche dient keinesfalls dem Bestrafen des Pferdes, sondern es soll dem Pferd signalisieren, räumlichen Abstand einzuhalten. Achten Sie auf die Reaktion Ihres Pferdes. Wirkt es verängstigt oder hat es Ihre klare Anweisung akzeptiert und verstanden? Ihr Pferd sollte danach wieder ruhig und gelassen sein.

Wiederholen Sie diese Verfahrensweise so oft Ihr Pferd Ihre „Intimsphäre" verletzt. Tun sie dies klar, entschlossen und konsequent, aber ohne jegliche Form von Aggression. Führen Sie klar wie eine Leitstute und lassen Sie sich keinesfalls auf einen billigen Machtkampf ein.

Die Fahrpeitsche wird grundsätzlich nur als Impulsgeber eingesetzt. Das Pferd wird dabei nicht berührt oder gar geschlagen! Einzige Ausnahme ist zur Selbstverteidigung, wenn Sie Gefahr laufen, durch das Pferd verletzt zu werden.

Wahrung der „Intimsphäre"

Im Umgang mit Pferden ist es wichtig, stets darauf zu achten, dass Ihr Pferd Ihre „Intimsphäre" achtet. Wie groß der Abstand zwischen Mensch und Pferd sein sollte, ist individuell verschieden. Haben Sie ein sehr dominantes Pferd, so ist in den meisten Fällen eine große räumliche Distanz erforderlich. Da dürfen Sie sich anfangs keine „Schnitzer" erlauben. Dominante Pferde prüfen hier sehr genau und testen Ihre Führungsqualitäten. Solange die Dominanzfrage noch nicht geklärt ist – gänzlich geklärt ist sie nie, denn Dominanz ist kein Zustand, sondern ein lebendiger Prozess, jedenfalls so lange noch kein tragfähiges Fundament geschaffen wurde, ist es besser, ein wenig penibel als zu nachlässig in diesem Punkt zu sein. Achten Sie auch im täglichen Umgang darauf, dass Ihr Pferd Ihnen nicht einfach mit der Nase ins Gesicht fährt, Sie anrempelt oder frech bettelt. Stellen Sie sofort eine räumliche Distanz her. Ihr Arbeitsseil, mit dem Sie kreisen oder wedeln können, ist dafür ein hilfreiches Instrument. Erst, wenn Ihr Pferd im Großen und Ganzen Sie als sein Leittier akzeptiert hat, ist der Weg frei zu einer freundschaftlichen und dennoch klar definierten Beziehung. Ihr Pferd liebt Sie nicht für Ihre Großzügigkeit, sondern für Ihre Führungskompetenz.

Führen statt „abschleppen"

Führen im Sinne von Anführen, Führung übernehmen, erfordert stetige Aufmerksamkeit. Wenn Sie vorneweg gehen, wie eine Leitstute, tragen Sie auch die Verantwortung. Ihre Aufmerksamkeit sollte gleichermaßen nach vorn auf den Weg gerichtet wie rückwärts dem Pferd zugewandt sein.

Unsere Wahrnehmungsfähigkeit, über die Körpergrenzen hinaus, können wir schulen. Vielleicht haben Sie ja Lust, die Übung von S. 92 zu wiederholen. Genauso, wie Sie mit geschlossenen Augen die Annäherung eines anderen Menschen fühlen können, genauso können Sie wahrnehmen, was das Pferd außerhalb Ihres Gesichtskreises tut.

Ich hatte in meiner Schulzeit einen Lehrer, der diese Fähigkeit perfektioniert hatte. Von ihm habe ich damals eine Strafarbeit bekommen, weil ich hinter seinem Rücken, als er an der Tafel schrieb, einen Papierflieger gestartet hatte. Ohne sich umzudrehen ermahnte er mich namentlich und verpasste mir eine satte Strafarbeit. Er schien auch am Rücken Augen zu haben. Das hat mich damals tief beeindruckt.

Dehnen Sie beim Führen Ihres Pferdes Ihr Wahrnehmungsfeld aus. Fühlen Sie heraus, ob Ihr Pferd direkt hinter Ihnen geht oder seitlich versetzt. Spüren Sie hin, wo seine Aufmerksamkeit hingerichtet ist. Läuft es Ihnen konzentriert nach oder ist es abgelenkt?

Führen Sie Ihr Pferd bewusst und „schleppen" Sie es nicht einfach „ab".

Zerren Sie also bitte Ihr Pferd nicht einfach hinter sich her, wie hier auf dem Foto, sondern seien Sie in jedem Moment so präsent wie eine Leitstute.

Akzeptiert Ihr Pferd Ihren „Führungsstil"?

Auch wenn es vielleicht nicht gleich auf Anhieb mit dem Führen richtig klappen sollte, bleiben Sie gelassen und versuchen Sie es erneut. Beweisen Sie sich und Ihrem Pferd, dass Sie bereit sind, Ihr Führungspotenzial zu entwickeln.

Reaktion des Pferdes	Anregungen, was Sie tun können
▸ Pferd läuft nicht mit.	▸ Beginnen Sie mit der Übung „Kontakt aufnehmen", S. 112. ▸ Aktivieren Sie Ihre „Samurai-Anker". ▸ Laufen Sie in entgegengesetzter Richtung los, also am Pferd vorbei. ▸ Stellen Sie sich neben Ihr Pferd, auf Höhe des Widerristes, wedeln Sie mit der Fahrpeitsche über dem Rücken des Pferdes und ermuntern Sie so Ihr Pferd loszulaufen.
▸ Pferd versucht zu überholen.	▸ Aktivieren Sie Ihr Energiekissen. ▸ Richten Sie sich zu Ihrer vollen Größe auf. ▸ Schlagen Sie einen Haken so, dass das Pferd wieder hinter Ihnen ist. ▸ Gehen Sie zur frontalen Führposition über. ▸ Schlingern Sie mit dem Seil. ▸ Wedeln Sie mit der Fahrpeitsche.
▸ Pferd läuft direkt hinter Ihnen, versucht Sie zu treiben.	▸ Signalisieren Sie mit der Fahrpeitsche, die Sie in der vom Pferd abgewandten Hand halten, dass es zur Seite wegtreten soll. ▸ Schlagen Sie einen Haken, so dass das Pferd wieder seitlich nach hinten versetzt zu Ihnen läuft. Wiederholen Sie dies so oft wie nötig. ▸ Gehen Sie zur frontalen Führposition über. ▸ Halten Sie das Pferd durch Schlingern mit dem Seil auf Abstand. ▸ Gehen Sie dann wieder in die seitliche Führposition über.

Hengstposition

Position des treibenden Leithengstes

Zu den Aufgaben des Leithengstes gehört es, die Herde zusammenzuhalten und Nachzügler wieder in den Schutz des Herdenverbandes zu treiben. Er läuft dazu auf Höhe der Hinterhand des Nachzüglers und treibt diesen vor sich her.

Wir übernehmen vom Leithengst diese Position, wenn wir unser Pferd treiben möchten.

Gehen Sie auf Höhe der Hinterhand Ihres Pferdes mit. Ihr Brustbein zeigt dabei auf seinen Widerrist. Halten Sie genug Abstand zum Pferd. Während Ihr Pferd außen auf einem Kreis an den Bändern entlang geht, laufen Sie auf einem kleinen Kreis in der Mitte. Als Orientierungshilfe können Sie sich, wie hier auf dem Foto, eine Pylone in die Mitte des Arbeitsviereckes stellen. Als unterstützende Hilfe können Sie entweder Ihr Arbeitsseil oder die Fahrpeitsche verwenden. Wobei im Grunde genommen die richtige Position zum Pferd das Ausschlaggebende ist. Wenn Sie darin ein wenig Übung haben, brauchen Sie hierfür keine Hilfsmittel mehr.

Gehen Sie ruhigen, entschlossenen Schrittes, rhythmisch und im Takt. Machen Sie sich bewusst, Sie übernehmen die Rolle des Leithengstes, geben Ihrem Pferd klar und entschlossen Führung, tun dies jedoch ausschließlich in seinem Sinne. Das Treiben in Hengstposition hat nichts mit Einschüchtern oder Wegjagen zu tun. Vielleicht haben Sie schon von Methoden gehört, bei denen das Pferd wild herumgejagt wird und zwar so lange, bis es sich unterwirft. Vergessen Sie das bitte ganz schnell. Wir wollen unser Pferd nicht unterwerfen, wir wollen ihm Führung anbieten.

Wir geben durch das Treiben (überwiegend im Schritt und im Trab) in Hengstposition dem Pferd zunächst nur die Richtung vor. Bald spürt es, dass es gelenkt wird. Nur wer ranghöher ist, kann dies tun. Für das Pferd eine wichtige Botschaft. Akzeptiert es unsere Führung, so wird es sich nach kurzer Zeit auch gerne freiwillig anschließen.

Innere und äußere Aufrichtung

Treiben ist Aufgabe des Leithengstes, eines imposanten, kraftstrotzenden, stolzen Pferdes. Wenn Sie sich Ihrem Pferd gegenüber als „Leithengst" präsentieren möchten, richten Sie sich innerlich und äußerlich auf. Lassen Sie Kraft, Stolz und Überlegenheit in Ihnen aufsteigen. Hüten Sie sich davor, Ihr Pferd mit der geistigen und körperlichen Haltung eines „armen Sünderleins" treiben zu wollen. Wenn Sie ein tolerantes Pferd haben, werden Sie im besten Fall nur ausgelacht und nicht ernst genommen. Haben Sie hingegen ein dominantes Pferd, wird es sich unter Umständen sehr massiv dagegen wehren, von Ihnen in Hengstmanier vorwärts getrieben zu werden.

Richten Sie sich auf. Schauen Sie geradeaus. Aktivieren Sie Ihre „Samurai"-Anker: Führungskompetenz durch Klarheit, Entschlossenheit, Gelassenheit und Verbundenheit. Achten Sie auf Ihren Gang. Gehen Sie klar, entschlossen und selbstsicher. Um zu verhindern, dass Ihre Bewegungen auf dem kleinen Kreis schlingern und instabil erscheinen, laufen Sie mit den Füßen parallel zueinander und überkreuzen Sie nicht mit den Beinen. Halten Sie unbedingt Abstand zum Pferd. Lassen Sie Ihm Freiraum und blei-

ben Sie stets außer Trittweite. Respektieren Sie seine „Intimsphäre". Rücken Sie zu dicht auf, fühlt sich das Pferd unter Umständen bedrängt und gegängelt.

Treiben ohne Aggression

Stellen Sie sich bitte vor, Sie seien ein Leithengst. Ein Herdenmitglied kann sich nur schwer von den verlockenden Grasbüscheln trennen, und der Rest der Herde ist bereits weitergezogen. Es ist nun Ihre Aufgabe, den Nachzügler in den Schutz der Herde zurückzutreiben, denn alleine in der Wildnis wäre er dem sicheren Untergang geweiht. Indem Sie als Leithengst den „Bummler" treiben, tun Sie das nur für ihn, nicht für Ihr Ego. Führen heißt dienen. Wenn Sie in diesem Bewusstsein Ihr Pferd vor sich her treiben, hat das eine ganz andere Qualität als wenn Sie es wegjagen, um es zu unterwerfen.

Treiben Sie Ihr Pferd frei von Aggressionen oder Machtgefühlen. Tun Sie es mit der gelassenen Selbstverständlichkeit eines Leithengstes. Beobachten Sie beim Treiben Ihr Pferd ganz genau. Welchen Eindruck macht es auf Sie? Wirkt es gehetzt und gerät aus dem Gleichgewicht, oder wirkt es erhaben und ausbalanciert?

Achten Sie darauf, dass Ihr Gang keine „Schlagseite" bekommt. Das würde Ihre Bewegungen instabil und unsicher wirken lassen. Ihr Pferd kauft Ihnen sonst den „Leithengst" nicht ab.

Hier ist „Chevalier" auf der Flucht. Er ist so in Aufruhr, dass er beinahe das Gleichgewicht verliert. Er kann sich in der Kurve kaum ausbalancieren. Johanna jagt hinter ihm her.

Richten Sie Ihre Energie aus

Wichtigstes Element beim Treiben ist die korrekte Position zum Pferd und die entsprechend klare Körpersprache. Anfangs werden Sie vielleicht mit der Fahrpeitsche oder dem Arbeitsseil die treibende Wirkung der Hengstposition unterstützen. Im Laufe der Zeit sollte Ihre Einwirkung jedoch immer feiner werden. Arbeiten Sie immer öfter ohne Hilfsmittel mit Ihrem Pferd. Aktivieren Sie Ihr Energiekissen und lenken Sie Ihre gebündelte Energie wie einen Laserstrahl auf den Bereich hinter dem Schulterblatt des Pferdes. Stellen Sie sich vor, Ihr Laserstrahl würde dort dem Pferd kleine Impulse geben. Etwa so, als würden Sie Ihr Pferd an dieser Stelle mit einem Finger antippen.

Experimentieren Sie mit Ihrem Laserstrahl. Richten Sie Ihn zum Beispiel auf die Hinterhand des Pferdes. Wenn Sie dabei Ihre Position zum Pferd etwas nach hinten verschieben, wird Ihr Pferd, sofern es bereits für das feine Arbeiten sensibilisiert ist, den Kreis kleiner machen, sich stärker nach innen biegen oder eine Volte um Sie herum machen.

Hier ein ganz anderes Bild von „Chevalier". Er galoppiert schön im Gleichgewicht um die Ecke. Für einen bereits sehr betagten „Grandseigneur" auf diesem engen Raum eine reife Leistung. Johannas Körperhaltung drückt Kraft, Stabilität und Zentriertheit aus.

Arbeiten Sie spielerisch mit Ihrem Pferd und sammeln Sie dabei eigene Erfahrungen.

Sie geben den Takt an!

In der treibenden Position des Leithengstes sind Sie der Impulsgeber. Sie agieren, das Pferd reagiert. Sie geben Richtung, Gangart, Takt und Tempo vor. Das Pferd richtet sich nach Ihnen, dem „Leittier". Achten Sie dabei auf Ihre Körpersprache, lassen Sie Ihre Bewegungen klar, zentriert, schwungvoll und fließend werden. Jedes Stocken Ihres Bewegungsflusses wird sich in der Bewegung des Pferdes spiegeln.

In der treibenden Position des Leithengstes sind Sie der Impulsgeber.

Treiben Sie Ihr Pferd anfangs bitte nur im Schritt und im Trab. Galopp ist eine Fluchtgangart, und Ihr Pferd und Sie können dabei leicht unter Stress geraten. Es ist alles Spiel, nicht Gefahr.

Sollte Ihr Pferd träge und ohne Lebensgeister sein, fühlen Sie in sich selbst hinein. Wie steht es mit Ihrem eigenen Energieniveau? Verwechseln Sie dabei das Gefühl, innerlich getrieben zu werden nicht mit spielerischer Bewegungsfreude.

Hektik, innere Unruhe und Anspannung lassen Pferde erstarren oder überdreht reagieren. Statt Schwung erzeugt das nur Druck.

Aktivieren Sie Ihre eigene Lebensfreude und bringen Sie so Schwung in das gemeinsame Spiel mit dem Pferd.

Wird Ihr Spiel mit dem Pferd zu wild und stürmisch, nehmen Sie sich etwas zurück. Werden Sie ruhig, klar und zentriert.

Ein paar Worte zum Longieren

Pferdegerechtes Longieren bedeutet, aus der Hengstposition heraus zu longieren. Diese Position ist für das Pferd eindeutig treibend und es versteht, was wir von ihm wollen.

Leider wird Longieren meistens so gelehrt, dass der Mensch wie ein Hackstock in der Mitte des Kreises steht und sich nur wie eine Litfass-Säule um die eigene Achse dreht. Dabei steht

Lassen Sie die Longe bitte immer leicht durchhängen. Allerdings auch nicht, wie auf dem Foto, nachlässig auf dem Boden schleifen.

der Mensch dann auch noch auf Höhe der Schulter des Pferdes. Einer Position, die, wie wir inzwischen wissen, der des schutzsuchenden Fohlens entspricht. Diese Position empfindet das Pferd als widersprüchlich und bremsend! Logisch, dass dann mit der Longierpeitsche kräftig getrieben werden muss, damit das Pferd trotzdem noch vorwärts geht. Es ist auch nicht verwunderlich, dass viele Pferde da erst mal stoppen und kehrt machen. Das ist ja das, was der Mensch durch seine Position und Körpersprache dem Pferd mitteilt.

Longieren Sie bitte Ihr Pferd künftig aus der Hengstposition. Gestalten Sie es für Ihr Pferd interessant und lebendig. Viele Pferde laufen an der Longe nur noch stupide und ausdruckslos im Kreis, als wären sie in einer Führanlage. Verändern Sie Ihre Körperhaltung und Ihre Einstellung. Im Übrigen werden damit auch gleich die meisten Schwierigkeiten verschwunden sein. Lassen Sie die Longe bitte immer leicht durchhängen, allerdings nicht, wie ich sehr nachlässig auf dem Foto, auf dem Boden schleifen.

Halbe Paraden und Stopps

Möchten Sie Ihr Pferd in die nächst niedrigere Gangart parieren, so ist es wichtig, dass Sie zunächst selbst, geistig und in Ihrem körperlichen Ausdruck, den Gangartenwechsel vollziehen. Wechseln Sie zum Beispiel vom Trab zum Schritt, so stellen Sie sich die Bewegung im Schritt vor, fühlen Sie sie. Schritt bedeutet Schreiten.

Ihr körpersprachlicher Ausdruck könnte dann etwa so aussehen: Nehmen Sie den Schwung des Trabes heraus, indem Sie

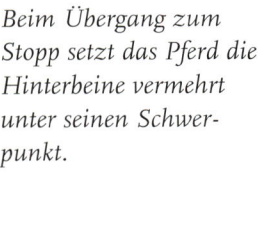

Beim Übergang zum Stopp setzt das Pferd die Hinterbeine vermehrt unter seinen Schwerpunkt.

beim Vorwärtsgehen Ihre Bewegung etwas zäher gestalten, Ihren Schwerpunkt leicht nach hinten verlagern und die Fußspitze leicht am Boden schleifen lassen. Danach gehen Sie taktmäßig, einer Schrittbewegung entsprechend weiter. Noch deutlicher wird Ihr Signal, wenn Sie Ihre Position zum Pferd etwas nach vorn Richtung Pferdekopf verlagern.

Das Pferd richtet sich automatisch synchron zum Menschen aus.

War Ihr Pferd beim Treiben aufmerksam bei der Sache, wird es dieses Signal ohne Zögern umsetzen. Es wird seinerseits den Schwung mit der Hinterhand abbremsen, zum Schritt wechseln und taktmäßig weiterlaufen.

Der Stopp funktioniert auf ähnliche Weise. Lassen Sie Ihr Becken deutlich nach hinten abkippen, bleiben Sie fest verankert stehen. Reagiert Ihr Pferd nicht, machen sie nochmals einen Schritt nach vorn und setzen Sie erneut ein deutliches Signal durch Abkippen des Beckens.

Lassen Sie sich spielerisch auf die Ereignisse ein. Seien Sie offen für die Reaktionen Ihres Pferdes.

Anfangs gelingt das Stoppen des Pferdes leichter, wenn Sie Ihre Position nach vorn in Richtung Pferdekopf verändern und dann Ihr Signal setzen. Oder, Sie nutzen eine Ecke des Arbeitsvierecks und richten Ihre Schultern parallel zu den gegenüberliegenden Bändern aus. Stellen Sie sich dabei vor, wie aus Ihrem Brustbein ein starker Laserstrahl vor das Pferd gerichtet wird und so eine energetische Barriere bildet.

Nehmen Sie bewusst Ihre Körperhaltung wahr und optimieren Sie Ihre Körpersprache. Ihr Pferd zeigt Ihnen den richtigen Weg.

Feedback des Pferdes

In der nachfolgenden Checkliste habe ich einige mögliche Reaktionen des Pferdes aufgelistet und möchte Ihnen ein paar Anregungen und Tipps mit auf den Weg geben.

Reaktion des Pferdes	Anregungen, was Sie tun können
▸ Pferd wechselt ungewollt die Laufrichtung.	▸ Überprüfen Sie Ihre Position zum Pferd, wahrscheinlich waren Sie zu weit vorn. ▸ Aktivieren Sie Ihre „Samurai-Anker". ▸ Verwenden Sie Ihre Fahrpeitsche als verlängerten Arm. ▸ Korrigieren Sie die Laufrichtung Ihres Pferdes klar und entschlossen, jedoch frei von aggressiven Impulsen.
▸ Pferd kommt immer weiter in die Mitte des Arbeitsvierecks.	▸ Überprüfen Sie Ihre Position zum Pferd. Wahrscheinlich waren Sie zu weit hinten und zu dicht am Pferd. ▸ Signalisieren Sie dem Pferd mit der Fahrpeitsche, auf Höhe des Widerristes, dass es weiter nach außen gehen soll.
▸ Pferd schlägt nach Ihnen aus. ▸ Pferd droht.	▸ Halten Sie Abstand zum Pferd und respektieren Sie seine „Intimsphäre". ▸ Bleiben Sie außer Reichweite der Hinterhufe. ▸ Aktivieren Sie Ihre „Samurai-Anker". ▸ Überprüfen Sie Ihre Körperhaltung. Wirkt Ihre Körperhaltung unklar, aggressiv, zögerlich oder unsicher? ▸ Lassen Sie sich nicht provozieren. ▸ Treiben Sie das Pferd ruhig und gelassen weiter. ▸ Werfen Sie das Seil hinter das Pferd, um der treibenden Einwirkung Nachdruck zu verleihen. Achten Sie darauf, dass Sie dies entschlossen, aber nicht aggressiv tun.

Reaktion des Pferdes	Anregungen, was Sie tun können
► Pferd wird hektisch und schnell, gerät aus dem Gleichgewicht.	► Nehmen Sie sich etwas zurück. ► Gönnen Sie sich und Ihrem Pferd eine Verschnaufpause und richten Sie sich neu aus. ► Aktivieren Sie Ihre Herzensbrücke. ► Lassen Sie Ihre Bewegungen ruhig und fließend werden. ► Arbeiten Sie nur im Schritt und im Trab. ► Ersetzen Sie die Fahrpeitsche durch das Seil, falls Ihr Pferd Angst vor der Peitsche hat.
► Pferd läuft nicht, bleibt einfach stehen.	► Erhöhen Sie Ihr eigenes Energieniveau, z. B. durch Ausdehnen Ihres Energiefeldes. ► Aktivieren Sie in sich Lebensfreude, Abenteuergeist und Bewegungslust. ► Setzen Sie einen Impuls mit der Fahrpeitsche. ► Werfen Sie das Seil hinter das Pferd. ► Bringen Sie selbst Aktion ins Arbeitsviereck, indem Sie wild und ungestüm mit einem Spielzeug spielen. Achten Sie darauf, dass das Pferd einen offenen Fluchtweg hat.

Bringen Sie selbst Bewegung ins Spiel!

Worum ging es Ihnen wirklich?

Wie fühlen Sie sich als „Leithengst"? Macht es Ihnen Spaß, sich mit dem Pferd zu bewegen? Welche Gefühle steigen dabei in Ihnen auf?

Gedanken/Gefühle	Thema	Anregungen
▸ Es fällt mir schwer, mein Pferd entschlossen vorwärts zu treiben. ▸ Ich fühle mich meinem Pferd unterlegen. ▸ Ich fühle mich hilflos, wenn mein Pferd die Richtung wechselt, so wie es eben will. ▸ Ich möchte am liebsten weinen, weil mein Pferd mir klar zeigt, dass ich ein Schwächling bin.	▸ Minderwertigkeitsgefühl ▸ Schwäche ▸ Hilflosigkeit **Kontrolldrama**: Das Arme Ich	▸ Ziehen Sie sich zurück. ▸ Visualisieren Sie einen imposanten Leithengst und stellen Sie sich vor, wie dieser mutig, klar und entschlossen einen Nachzügler treibt. ▸ Identifizieren Sie sich mit diesem Leithengst. ▸ Lassen Sie in sich Gefühle von Mut, Kraft, Klarheit und Entschlossenheit aufsteigen. ▸ Atmen Sie tief ein und aus. ▸ Bei jedem Einatmen tanken Sie Kraft und Energie. ▸ Gehen Sie gestärkt wieder zu Ihrem Pferd ins Arbeitsviereck. ▸ Aktivieren Sie Ihre „Samurai-Anker" und agieren Sie wie Ihr Leithengst.
▸ Ich ertappe mich immer wieder dabei, dass ich dem Pferd ständig den Weg abschneide und es so zwinge, sich nach meinen Vorstellungen zu richten. ▸ Wenn es ein Signal von mir nicht beachtet, übe ich so lange mit dem Pferd, bis es funktioniert. ▸ Reagiert mein Pferd auf mich, gibt mir das ein Gefühl über mein Pferd Kontrolle zu haben.	▸ Kritik ▸ Kontrolle **Kontrolldrama**: Der Vernehmungsbeamte	▸ Machen Sie die Übung „Freiraum gewähren" auf S. 68 sobald Sie sich selbst dabei ertappen, dass Sie anfangen, das Pferd zu gängeln. ▸ Beenden Sie die Arbeit mit dem Pferd, bevor Sie der Versuchung erliegen, das Pferd kontrollieren zu wollen.

Gedanken/Gefühle	Thema	Anregungen
▸ Es gibt mir ein Gefühl von Stärke und Macht, mein Pferd zu treiben. ▸ Manchmal ertappe ich mich dabei, dass ich es wild herumjage und möchte, dass es sich mir fügt. ▸ Am liebsten lasse ich es im Arbeitsviereck wild galoppieren, um es dann abrupt zu stoppen. ▸ Wenn es nicht gleich stoppt, werde ich wütend und versuche, ihm den Weg abzuschneiden, um ihm zu zeigen, dass ich Macht habe.	▸ Aggression ▸ Wunsch zu unterwerfen ▸ Machtgelüste **Kontrolldrama**: Der Einschüchterer	▸ Ziehen Sie sich zurück. ▸ Machen Sie die Übung zu mehr Gelassenheit auf S. 41. ▸ Atmen Sie bewusst langsam und gleichmäßig und stellen Sie sich vor, wie der in Ihnen gestaute Druck bei jedem Ausatmen Ihren Körper verlässt. ▸ Entspannen Sie Ihre Augen. ▸ Aktivieren Sie Ihre Herzensbrücke. ▸ Arbeiten Sie nur im Schritt mit Ihrem Pferd. ▸ Gehen Sie einige Runden in Hengstposition und beenden Sie dann die Arbeit.
▸ Beim Treiben meines Pferdes empfinde ich weder Genugtuung noch irgend ein anderes Gefühl. ▸ Ich bewege mich dabei nur auf meiner rationalen Ebene. ▸ Ich führe mechanisch eine Aufgabe aus. ▸ Ich empfinde mich als getrennt von meinem Pferd.	▸ Verschlossenheit ▸ Distanz ▸ Innerer Rückzug **Kontrolldrama**: Der Unnahbare	▸ Gehen Sie zu Ihrem Pferd und berühren Sie es. ▸ Aktivieren Sie Ihre Herzensbrücke. Machen Sie hierzu die Übung auf S. 45. ▸ Visualisieren Sie ein Band, das Sie mit Ihrem Pferd verbindet. ▸ Stellen Sie sich vor, wie Sie über das Band zwischen Ihnen und Ihrem Pferd Ihre Energie schicken. ▸ Arbeiten Sie auf diese Art mit Ihrem Pferd in der Hengstposition.

Die höfliche Einladung

Eine Einladung ist keine Aufforderung

Sie haben klar und entschlossen, in Leithengstmanier, Ihr Pferd in den Schutz der Herde zurückgetrieben. Nun wechseln Sie vom Führungsstil des Leithengstes hin zu dem der Leitstute.

Die Leitstute führt an. Erinnern Sie sich noch an den „Knigge" der Pferdesprache? Dort haben wir gelernt, dass ein Rangniedrigerer sich dem Ranghöheren nicht ohne weiteres annähern darf. Demnach darf auch Ihr Pferd nicht einfach zu Ih-

Durch eine entspannte Körperhaltung und eine einladende Geste signalisieren Sie Ihrem Pferd, dass es sich annähern darf.

nen kommen und in Ihre „Intimsphäre" eindringen. Es bedarf hierzu einer „höflichen Einladung".

Der erste Schritt ist nun, Ihrem Pferd zu signalisieren, dass es zu Ihnen kommen darf. Ob es Ihr Angebot annimmt, ist seine Sache. Sie zitieren es nicht zu sich, sondern Sie laden es ein. Das ist ein großer Unterschied!

Hier ist Freiwilligkeit alleroberstes Prinzip. Geben Sie bitte jedwede Erwartungshaltung auf. Genießen Sie es, wenn Ihr Pferd Ihre Einladung annimmt, akzeptieren Sie es gelassen, wenn es Ihr Angebot ausschlägt. Erliegen Sie bitte nicht der

Vorstellung, es sei ein „Liebesbeweis", wenn Ihr Pferd zu Ihnen kommt. Versuchen Sie bitte nicht, Ihr Pferd durch Leckerlis zu manipulieren. Sie würden damit das Gegenteil von dem erreichen, was Sie wollen. Das Pferd soll sich Ihnen aus freien Stücken anschließen, nicht aus Fressgier.

Der kleine „Diener"

Um nun Ihrem Pferd zu zeigen, dass Sie Ihm die Annäherung erlauben, nehmen Sie eine entspannte Körperhaltung an. Richten Sie Ihren Blick vor das Pferd auf den Boden. Falls Sie die

Entspannen Sie Ihre Körperhaltung und richten Sie Ihren Blick auf den Boden vor das Pferd.

Signalisieren Sie Ihrem Pferd mit einem kleinen „Diener", dass es sich Ihnen annähern darf.

Ihre Hand ist wie bei der Übung „Kontakt aufnehmen" zwischen Ihnen und Ihrem Pferd.

Es ist für das Pferd eine große Anerkennung, dass es so nahe bei Ihnen sein darf.

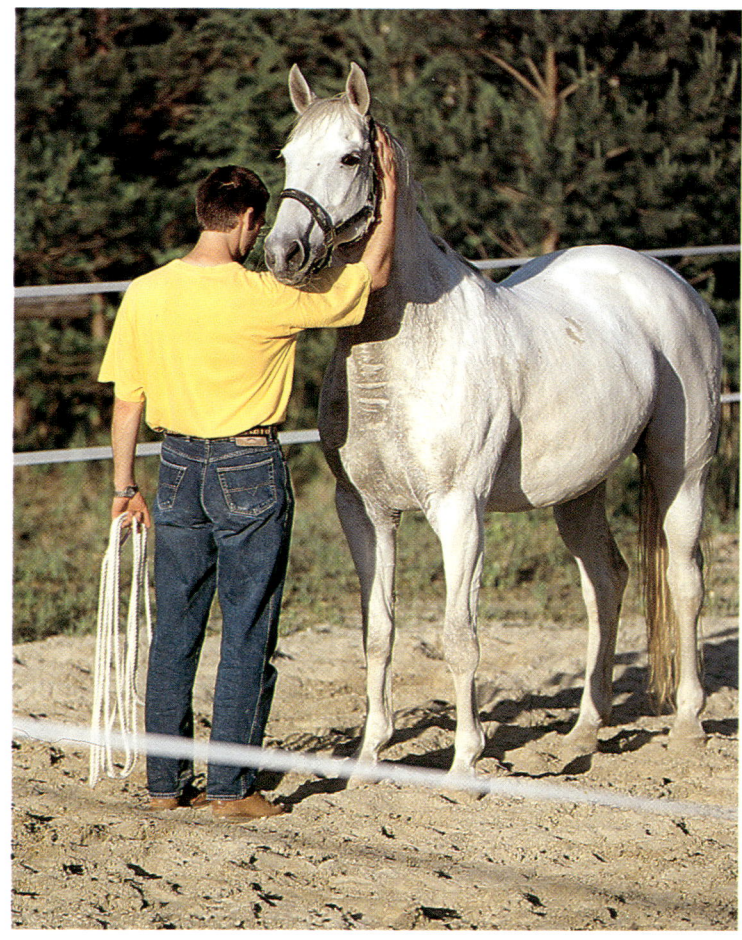

Genießen Sie das Gefühl der Zusammengehörigkeit, das entsteht, wenn Ihr Pferd Ihre „Einladung" angenommen hat.

Fahrpeitsche dabei haben, lassen Sie diese nach hinten zeigen oder auf den Boden fallen. Aktivieren Sie Ihre Herzensbrücke und strahlen Sie Ruhe, Gelassenheit und Vertrauenswürdigkeit aus. Machen Sie einen kleinen „Diener" und treten dabei einen Schritt zurück. Nehmen Sie eine Hand, wie bei der Übung „Kontakt aufnehmen" zwischen sich und das Pferd. Indem Sie die Hand langsam zu sich her bewegen, suggerieren Sie Ihrem Pferd, dass es zu Ihnen kommen darf. Hat das Pferd Ihre Einladung angenommen und ist zu Ihnen gekommen, loben Sie es ausgiebig und genießen Sie das innige Gefühl der Verbundenheit, das dabei entsteht.

Freundschaftlich-respektvoll oder plump-aufdringlich?

Nähert sich das Pferd Ihnen an, achten Sie vor allem auf die Art und Weise, wie es sich nähert. Bringt es Ihnen Respekt entgegen und tritt langsam und vorsichtig mit gesenktem Kopf an Sie heran, oder marschiert es dreist und aufdringlich auf Sie zu? Die folgenden Fotos zeigen unterschiedliche Arten der Annäherung. Pasha nähert sich freundschaftlich-respektvoll, während Rebekka plump-aufdringlich ohne Einladung auf Ute zugeht und später sogar eine Drohgebärde zeigt.

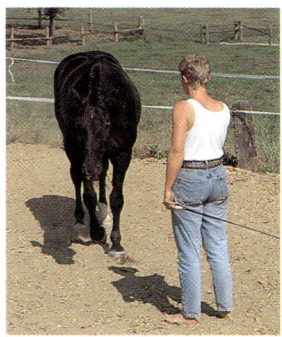

Jutta lädt Pasha ein. Die Fahrpeitsche zeigt nach hinten, die Körperhaltung ist entspannt. Pasha kommt langsam mit respektvoll gesenktem Kopf.

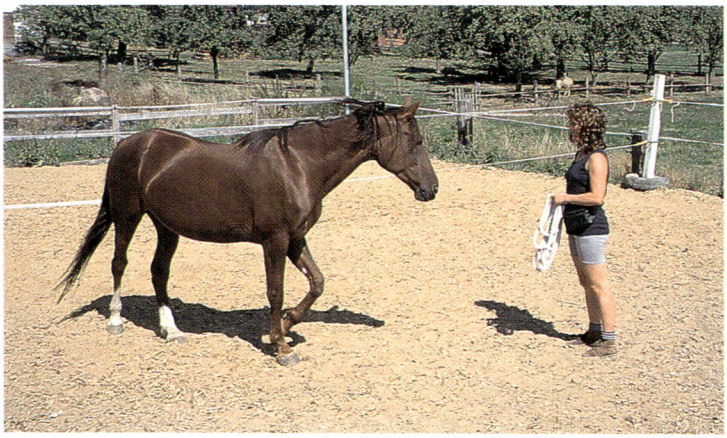

Hier kommt Rebekka ganz ohne Einladung zu Ute. Ute lässt dies geschehen, was Rebekka dazu ermuntert, wenig später ihrerseits pampig zu reagieren, als Ute zu ihr hingehen möchte. Hier signalisiert das Pferd, dass es sich selbst als ranghöher als seine Bezugsperson empfindet. Es wäre besser gewesen, Ute hätte die plumpe Annäherung Ihres Pferdes nicht geduldet und Rebekka mit dem vorwärts kreisenden Seil auf räumliche Distanz gehalten.

Der richtige Zeitpunkt

Mit wachsender Erfahrung werden Sie ein Gefühl dafür entwickeln, wann der richtige Zeitpunkt gekommen ist, das Pferd „einzuladen". Der Impuls sollte dabei immer von Ihnen ausgehen und nicht von Ihrem Pferd.

Geht Ihr Pferd auf Ihre „Einladung" nicht ein – macht nichts! Arbeiten Sie einfach weiter und vergessen Sie es. Nehmen Sie es gelassen zur Kenntnis. Es war vielleicht nicht der richtige Zeitpunkt dafür.

Wenn Sie ein sehr dominantes Pferd haben, warten Sie mit dem „Einladen" lieber, bis sich ein tragfähiges Fundament im Hinblick auf Ihre Dominanz entwickelt hat. Gehen Sie in diesem Fall lieber Ihrerseits auf das Pferd zu und zeigen ihm so, dass es Ihnen als „Leittier" zusteht, seine „Intimsphäre" jederzeit zu betreten. Manchmal ist es sinnvoller zu Beginn die räumliche Distanz aufrecht zu erhalten. Wenn Sie offen sind und genau hinspüren, wird Ihnen Ihre Intuition den richtigen Weg weisen. Passen Sie auf, dass Ihnen dabei Ihr Ego keinen Streich spielt.

Vorsicht, Egostolpersteine

Wir alle möchten Freundschaft und Nähe mit unseren Pferden erleben. Und es ist ja auch ein ergreifender Moment, wenn das Pferd sich aus freien Stücken dafür entscheidet, sich seinem Menschen anzuschließen. Doch genau an diesem Punkt stolpern wir auch gerne über unser Ego. Wir möchten geliebt werden und wollen, dass das Pferd zu uns kommt. Sobald wir wollen und uns darauf fixieren, entziehen wir der Freiwilligkeit den Boden. Pferde spüren unsere Erwartungshaltung, und das schafft ganz subtilen Druck. Aus der „höflichen Einladung" wird ein moralischer Appell oder gar ein emotionaler Hilfeschrei: „Komm' zu mir, sonst fühle ich mich ungeliebt!" Der Entscheidung des Pferdes sich anzuschließen oder auf Distanz zu bleiben, wird plötzlich immense Bedeutung gegeben. Manchmal scheint es gar, als ginge es dabei um „sein oder nicht sein". Schon so manche Träne ist deshalb schon in meinen Seminaren geflossen. Nehmen Sie die Entscheidung Ihres

Pferdes nicht persönlich. Es gibt Pferde, die rennen gleich jedem hinterher und schließen sich wie Kletten an. Wenn Sie hingegen ein sehr autarkes, dominantes Pferd haben, wird es Sie hinsichtlich Ihrer Führungsqualitäten erst einmal auf „Herz und Nieren" prüfen. So ein Pferd schließt sich in der Regel nicht so schnell an. Das sagt jedoch nichts über die Qualität Ihrer Arbeit mit dem Pferd aus. Lassen Sie die Beziehung wachsen und messen Sie der Ablehnung Ihrer „höflichen Einladung" nicht zuviel Bedeutung bei.

Nähe und Freundschaft.

Feedback des Pferdes

Schulen Sie Ihre Wahrnehmung und Ihren körpersprachlichen Ausdruck in der Begegnung mit dem Pferd. Wie reagiert Ihr Pferd? Was geht in Ihrem Pferd dabei vor? Versuchen Sie intuitiv zu erfassen, wann der Kommunikationsfluss intakt ist, wann und wodurch er unterbrochen wird. Feilen Sie an Ihrer Körpersprache und an Ihren Führungsqualitäten und betrachten Sie dabei Ihr Pferd als Ihren Lehrmeister.

Reaktion des Pferdes	Anregungen, was Sie tun können
▸ Pferd kommt ohne „Einladung", jedoch respektvoll, mit gesenktem Kopf und Hals.	▸ Überprüfen Sie Ihre Körpersprache. Haben Sie eventuell ungewollt, durch ein Zögern oder Vornüberneigen des Oberkörpers, das Pferd ermuntert näher zu kommen? Wenn dies der Fall ist, tun Sie so, als hätten Sie es gewollt. Das Pferd hat Ihre Körpersprache richtig interpretiert, nur Sie haben Sich missverständlich ausgedrückt.
▸ Pferd kommt ohne „Einladung" plump-vertraulich oder mit einer Drohgebärde.	▸ Aktivieren Sie Ihre „Samurai-Anker". ▸ Lassen Sie das Arbeitsseil kreisen und verteidigen Sie so Ihre „Intimsphäre". ▸ Schicken Sie das Pferd entschlossen weg. ▸ Gehen Sie zur Hengstposition über und treiben Sie es klar und entschlossen einige Runden. Das Pferd soll damit nicht etwa bestraft werden, sondern Sie übernehmen nur wieder ganz klar Führung. ▸ Achten Sie auch außerhalb des Arbeitsviereckes auf Wahrung Ihrer „Intimsphäre".
▸ Pferd reagiert nicht auf Ihre „Einladung", schaut Sie aber interessiert an.	▸ Lassen Sie Ihre Erwartungen los. ▸ Aktivieren Sie Ihre Herzensbrücke. ▸ Wiederholen Sie Ihre einladende Geste und machen Sie erneut einen kleinen Schritt zurück. ▸ Schnippen Sie leicht mit den Fingern Ihrer dem Pferd zuwandten Hand. ▸ Reagiert das Pferd immer noch nicht, arbeiten Sie gelassen mit Ihrem Pferd weiter.
▸ Pferd reagiert nicht auf Ihre „Einladung" und beachtet Sie gar nicht.	▸ Dehnen Sie Ihr Energiefeld aus. ▸ Gehen Sie zurück zu den Übungen unter „Aufmerksamkeit und Präsenz". ▸ Bringen Sie wieder Schwung in das Geschehen.

Worum ging es Ihnen wirklich?

Überprüfen Sie sich selbst. Mit welchen Gedanken und Gefühlen gehen Sie an die Sache heran? Was spielt sich in Ihrem Inneren dabei ab?

Gedanken/Gefühle	Thema	Anregungen
▸ Es kränkt mich, dass mein Pferd nicht zu mir kommt. ▸ Ich fühle mich ungeliebt, wenn mein Pferd meiner Einladung nicht folgt.	▸ Minderwertigkeitsgefühl **Kontrolldrama**: Das Arme Ich	▸ Machen Sie sich bitte bewusst, dass Sie dem Pferd ein großzügiges Angebot machen. Sie bieten ihm an, sich in Ihren Schutz zu begeben. Wenn es dieses Angebot ablehnt, ist es selbst schuld.
▸ Es ärgert mich, dass mein Pferd nicht zu mir kommt und sich so meiner Kontrolle entzieht. ▸ Ich habe das Gefühl etwas falsch gemacht zu haben, wenn mein Pferd meiner „Einladung" nicht folgt.	▸ Kontrolle ▸ Kritik **Kontrolldrama:** Der Vernehmungsbeamte	▸ Aktivieren Sie Ihre Herzensbrücke. ▸ Machen Sie die Übung „Freiraum gewähren"auf S. 68. ▸ Laden Sie Ihr Pferd erst wieder ein, wenn Sie dies völlig gelassen, ohne starre Erwartungshaltung tun können.
▸ Wenn mein Pferd meiner Einladung nicht folgt, macht mich das wütend, weil ich mich so machtlos fühle.	▸ Macht ▸ Aggression ▸ Wunsch zu unterwerfen **Kontrolldrama**: Der Einschüchterer	▸ Stellen Sie sich vor, mit Ihrer angestauten Wut sehen Sie gerade aus, wie eine aufgeblasene Luftmatratze. Ziehen Sie erst mal den Stöpsel raus und lassen Sie Dampf ab, allerdings außerhalb des Arbeitsvierecks. ▸ Entspannen Sie Ihre Körperhaltung und Ihre Augen. ▸ Aktivieren Sie Ihre Herzensbrücke. ▸ Spielen Sie mit Ihrem Pferd und vergessen Sie vorerst das „Einladen".

Gedanken/Gefühle	Thema	Anregungen
▸ Ich kann keine Verbindung zwischen mir und meinem Pferd fühlen.	▸ Verschlossenheit ▸ Distanz ▸ Innerer Rückzug	▸ Gehen Sie langsam zu Ihrem Pferd.
▸ Wenn mein Pferd meine „Einladung" ausschlägt, fühle ich mich abgelehnt und ich mache innerlich „dicht".	**Kontrolldrama**: Der Unnahbare	▸ Legen Sie beide Hände auf den Pferdekörper und lassen Sie dabei das Gefühl von Nähe zu.
		▸ Konzentrieren Sie sich auf die Kontaktfläche Ihrer Hände zum Pferdekörper. Fühlen Sie die Wärme Ihres Pferdes. Stellen Sie sich vor, wie Ihre Energie über die Hände in den Pferdekörper fließt und sich mit der Energie des Pferdes verbindet.
		▸ Schauen Sie Ihrem Pferd in die Augen, machen Sie dabei Ihr eigenes „Seelenfenster" weit auf.

Folge mir vertrauensvoll

Vertrauenswürdig wie eine Leitstute

Ist das Pferd Ihrer „höflichen Einladung" gefolgt, wird es sich in der Regel nun auch gerne anschließen. Das bedeutet, es folgt Ihnen auf Schritt und Tritt wie einer Leitstute.

Eine Leitstute zu verkörpern ist eine hoher Anspruch an uns Menschen. Die Leitstute führt die Herde an, sie kennt ihren Weg und zeichnet sich durch Erfahrung und Besonnenheit aus. Sie übernimmt die Verantwortung für das Wohlergehen der gesamten Herde. Sie muss vorausschauend sein, Gefahren rechtzeitig erkennen und angemessen reagieren. Gleichzeitig muss sie einen Teil ihrer Aufmerksamkeit auf die Herde lenken und umsichtig darauf achten, dass auch schwache Herdenmitglieder folgen können.

Die Leitstute stellt sich voll und ganz in den Dienst der Herde. Führen heißt dienen.

Aktivieren Sie Ihre Führungsqualitäten

Wenn Ihnen Ihr Pferd vertrauen soll, wie einer Leitstute, sind Sie gefordert, Führungsqualitäten zu zeigen. Aktivieren Sie Ihre „Samurai-Anker" und lassen Sie ein Gefühl von Klarheit, Entschlossenheit, Gelassenheit und Verbundenheit entstehen.

Richten Sie sich innerlich und äußerlich auf. Werden Sie sich Ihrer eigenen Motive und Ziele bewusst. Welchen Weg schlagen Sie ein?

Aktivieren Sie Ihre Herzensbrücke. Lassen Sie ein Gefühl der Verbundenheit mit Ihrem Pferd entstehen. Stellen Sie sich vor, Sie seien mit Ihrem Pferd durch ein unsichtbares Band verbunden. Halten Sie Ihre Hand zwischen sich und Ihrem Pferd, wie bei der Übung „Kontakt aufnehmen". Gehen Sie einen Schritt vorwärts und laden Sie Ihr Pferd ein, Ihnen zu folgen. Dabei können Sie auch mit den Fingern schnippen, um das Pferd darauf aufmerksam zu machen. Gehen Sie dann langsam los und stellen Sie sich vor, das Pferd an einem unsichtbaren Band zu führen.

Führen Sie Ihr Pferd am unsichtbaren Band.

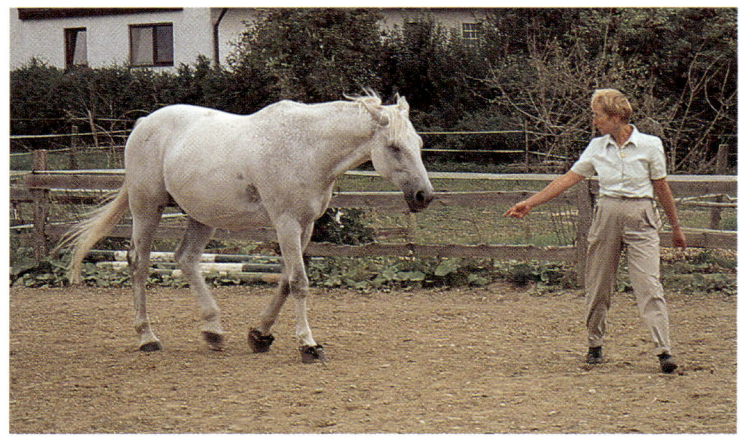

Hat sich das Pferd dazu entschieden, Ihnen zu folgen, wenden Sie Ihren Blick nach vorn und gehen Sie klar, selbstsicher und entschlossen Ihren Weg.

Ist Ihnen beim Loslaufen das Pferd nicht gefolgt, gehen Sie einfach weiter. Beachten Sie es nicht. Laufen Sie einen Bogen und gehen Sie langsam von hinten schräg Richtung Pferdekopf an Ihrem Pferd vorbei. Versuchen Sie es dort „abzuholen". Strecken Sie einladend Ihre Hand aus und signalisieren Sie ihm damit, dass es „eingeladen" ist, Ihnen zu folgen. Klappt es auch dieses Mal nicht, lassen Sie sich etwas anderes einfallen.

Gehen Sie in einem Bogen am Pferd vorbei und holen Sie es im Vorbeigehen ab.

Machen Sie Ihrem Pferd im Vorübergehen ein An-gebot. Gehen Sie Ihren Weg ohne zu stoppen. Schließt sich Ihr Pferd an, gut – schließt es sich nicht an, auch gut.

Eine andere Möglichkeit besteht darin, einfach in Sichtweite des Pferdes, mit dem Blick vom Pferd abgewandt, stehen zu bleiben. Manchmal brauchen Pferde ein paar Minuten um sich selbst darüber klar zu werden, ob sie sich dem Menschen anschließen möchten oder nicht. Lassen Sie ihm Zeit für diese Entscheidung.

Zeigt Ihr Pferd daraufhin noch immer kein Interesse Ihnen zu folgen, arbeiten Sie einfach weiter mit ihm. Es ist dann eben noch nicht der richtige Zeitpunkt. Bleiben Sie gelassen und nehmen Sie die Reaktion Ihres Pferdes nicht persönlich.

Lassen Sie Ihrem Pferd Zeit sich zu entscheiden. Nehmen Sie dabei eine entspannte Körper-haltung an. Stemmen Sie Ihre Arme bitte nicht in die Hüften, das wirkt sehr abweisend.

Fühlen Sie sich verfolgt?

Folgt Ihnen Ihr Pferd nun vertrauensvoll, achten Sie darauf,
dass das Pferd aus dem Folgen kein Treiben macht. Korrigieren
Sie es freundlich aber konsequent, wenn es zu dicht aufrückt
oder direkt hinter Ihnen geht.

Hier rückt Sissy schon sehr dicht auf, als Manfred dann über
die Diagonale in Richtung Mitte läuft, positioniert sie sich in
seinen Windschatten. Sissy läuft direkt hinter Manfreds Rücken
und beginnt ihn zu treiben.

Als Manfred stehen bleibt, versucht Sissy an ihm vorbei zu gehen. Mit einer ruhigen, gelassenen, zentrierten Geste signalisiert ihr Manfred, dass er sie nicht überholen lassen wird. Es
sind die kleinen, klaren Gesten, die zwischen Mensch und
Pferd Dominanzfragen regeln. Dazu bedarf es in der Regel keiner spektakulären Aktion. Sissy hat verstanden und steht mit
freundlichem Gesicht neben ihrer „Leitstute" Manfred. Er hat
hier klar wieder Führung übernommen.

Feedback des Pferdes

Reaktion des Pferdes	Anregungen, was Sie tun können
► Pferd läuft nicht mit, schaut Ihnen aber sehr interessiert nach.	► Bleiben Sie stehen. Wenden Sie den Blick vom Pferd ab und warten Sie. Aktivieren Sie Ihre Herzensbrücke und dehnen Sie Ihr Energiefeld zum Pferd hin aus. Strahlen Sie Sympathie und Vertrauenswürdigkeit aus. ► Gehen Sie in einem großen Bogen Richtung Pferd und laufen Sie auf einer Tangente an ihm vorbei. Strecken Sie dabei dem Pferd Ihre Hand entgegen. Schnippen Sie gegebenenfalls mit den Fingern um das Pferd aufmerksam zu machen. ► Kommt Ihr Pferd trotzdem nicht mit, arbeiten Sie weiter, bringen Sie wieder Spiel, Spaß und Bewegung in das Geschehen. ► Lassen Sie Raum für Freiwilligkeit.
► Pferd folgt Ihnen einige Meter, bleibt dann aber stehen oder geht einen anderen Weg.	► Lassen Sie es geschehen. ► Respektieren Sie die Entscheidung Ihres Pferdes. ► Widerstehen Sie der Versuchung Ihr Pferd manipulieren zu wollen. ► Lassen Sie Raum für Freiwilligkeit.
► Pferd folgt, drängelt dann aber von hinten.	► Aktivieren Sie Ihre „Samurai-Anker" und Ihr Energiefeld. ► Laufen Sie einen Bogen und vergrößern Sie so den Abstand zwischen Ihnen und Ihrem Pferd. ► Gehen Sie in entgegengesetzter Richtung weiter. Wiederholen Sie das so oft, bis Ihr Pferd den angemessenen räumlichen Abstand respektiert. ► Wedeln Sie mit dem Führseil nach hinten. ► Lassen Sie die Fahrpeitsche über Ihre Schulter nach hinten zeigen und wedeln Sie damit.

Vorsicht, Egostolpersteine

Gedanken/Gefühle	Thema	Anregungen
▸ Es kränkt mich, dass mein Pferd mir nicht folgt. ▸ Ich fühle mich von meinem Pferd ungeliebt und abgelehnt, wenn es mir nicht nachläuft.	▸ Minderwertigkeitsgefühl **Kontrolldrama:** Das Arme Ich	▸ Hören Sie auf, sich dem Pferd anzubiedern. ▸ Gehen Sie autark Ihren Weg und strahlen Sie Selbstsicherheit, Klarheit und Unabhängigkeit aus. ▸ Spielen Sie mit Ihrem Pferd.
▸ Am liebsten würde ich es am Halfter nehmen und führen, damit es bei mir sein muss.	▸ Kontrolle ▸ Kritik **Kontrolldrama:** Der Vernehmungsbeamte	▸ Machen Sie sich bewusst, dass Sie Gefahr laufen, Ihrer Kontrollsucht zu unterliegen. ▸ Spüren Sie Ihrem eigenen Bedürfnis nach Freiheit nach. ▸ Spielen Sie mit Ihrem Pferd und gönnen Sie sich etwas zu tun, bei dem nichts dabei herauskommen muss.
▸ Ich werde wütend, weil mein Pferd nicht tut, was ich will.	▸ Macht ▸ Aggression ▸ Wunsch zu unterwerfen **Kontrolldrama:** Der Einschüchterer	▸ Mal ganz ehrlich, würden Sie sich freiwillig Jemandem anschließen, der so starken Druck ausbreitet wie Sie im Moment? ▸ Entspannen Sie Ihre Haltung und atmen Sie kräftig aus. ▸ Lachen Sie über sich selbst. ▸ Bedanken Sie sich bei Ihrem Pferd für die lehrreiche Lektion.
▸ Es fällt mir schwer, das unsichtbare Band zwischen mir und meinem Pferd herzustellen. ▸ Ich fühle mich von meinem Pferd im Stich gelassen.	▸ Verschlossenheit ▸ Distanz ▸ Innerer Rückzug **Kontrolldrama:** Der Unnahbare	▸ Machen Sie sich bewusst, Ihr Pferd braucht Sie. Es lebt in einer technisierten Menschenwelt, in der es sich nur mit Ihrer Hilfe zurechtfinden kann. ▸ Übernehmen Sie die Verantwortung für Ihr Pferd.

Wie bei der „höflichen Einladung" müssen wir auch beim Folgen lernen, unsere Wünsche und Erwartungen loszulassen. Das Folgen des Pferdes ist ein freiwilliger Akt, keine Verpflichtung. Nimmt Ihr Pferd Ihr Angebot an, schön! Nimmt es Ihr Angebot nicht an, auch gut. Das Pferd wird Ihnen dann folgen, wenn Sie Ruhe, Klarheit, Gelassenheit und Selbstsicherheit ausstrahlen. Lassen Sie sich und Ihrem Pferd Zeit. Der größte Erfolg ist der, das eigene Ego zu besiegen.

Im Zusammensein mit dem Pferd liegt die größte Herausforderung darin, sich seine eigenen Schwächen bewusst zu machen und sie zu überwinden.

Klären, lernen, gymnastizieren im Spiel

„Ein großer Mensch ist, wer sein Kinderherz nicht verliert." Menicius

■ Spielerisches Arbeiten

Jetzt steht die Frage natürlich noch offen, was tun Sie nun mit Ihren Werkzeugen aus dem Werkzeugkoffer? Wie integrieren Sie sie in die Arbeit mit Ihrem Pferd? Ich sage: Spielen Sie, tollen Sie herum und lernen Sie wie Kinder: durch spielerischen Umgang mit ernsthaften Dingen.

Erwecken Sie Ihr eigenes „inneres Kind" wieder zum Leben. Ganz gleich, wie alt Sie sind oder wie lange Sie schon keinen Ball mehr in den Händen gehalten haben. Sie werden sehr bald spüren, dass spielen, herumtollen, in Bewegung geraten etwas Wichtiges in Ihnen in Gang setzen wird: Lebensfreude. Genießen Sie es mit Ihrem Pferd zu spielen und Sie werden staunen, wie leicht es dadurch wird, Dominanz zu klären, Neues zu lernen oder das Pferd (und sich selbst) zu gymnastizieren.

Verabschieden Sie sich von der geistigen Haltung, dass Lernen nur durch ernsthaftes Arbeiten und trockenes Üben stattfinden kann. Achten Sie darauf, dass Ihr Pferd das Herumtollen auch als Spiel empfinden kann. Seien Sie anfangs vielleicht etwas zurückhaltender. Wichtig ist, Sie tun alles, was Sie tun aus einer Haltung heiterer Gelassenheit heraus.

Spielen Sie mit Ihrem Pferd, lachen Sie und erwecken Sie Ihr „inneres Kind" zu neuem Leben. Dabei kann es manchmal richtig wild zugehen.

Lassen Sie jeglichen Ehrgeiz los

Spielerisches Arbeiten bedeutet auch, jeglichen Ehrgeiz loszulassen. Lassen Sie sich offen auf die Angebote Ihres Pferdes ein und vergessen Sie jedwedes Fahrplandenken. Sie brauchen

Mitunter kann es auch passieren, dass Sie mehr in Bewegung kommen als Ihr Pferd.

Seien Sie offen für die Angebote Ihres Pferdes und gehen Sie spielerisch darauf ein.

nichts erreichen. Gerade, indem Sie nichts erreichen wollen, erreichen Sie alles.

Gymnastizieren des Pferdes hat nicht zwangsläufig mit nüchterner Arbeit und stupiden Wiederholungen zu tun. Sie können zum Beispiel Biegen auch spielen. Ihr Pferd wird begeistert sein, wenn es gearbeitet wird, ohne es zu merken. Das Schönste daran ist aber, dass das Pferd freiwillig mitmacht, ohne Halfter, ohne Strick, ohne „Druckmittel" jeglicher Art. Experimentieren Sie mit Ihrer Körpersprache und beobachten Sie, wie Ihr Pferd auf bestimmte Positionen reagiert. Lassen Sie sich spielerisch auf die Ereignisse ein.

Experimentieren Sie mit Ihrer Körpersprache und spielen Sie einfach mal „Biegen".

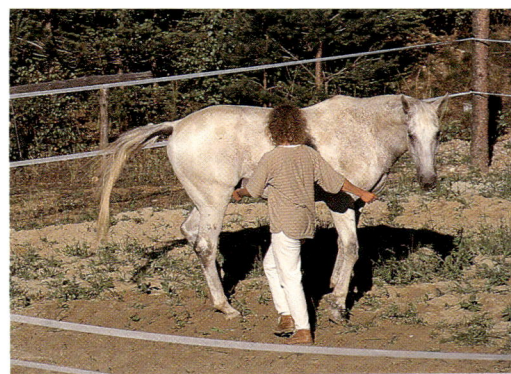

Die neue „Messlatte" für Erfolg

Wenn Sie auf der Basis der Freiwilligkeit mit Ihrem Pferd arbeiten, wird sich sehr schnell Ihre Vorstellung von Erfolg verändern. Es wird Ihnen künftig nicht mehr genügen, dass Ihr Pferd einfach „funktioniert" und Kommandos ausführt. Sie werden das Zusammensein mit Ihrem Pferd wahrscheinlich nur noch dann als erfolgreich erachten, wenn sich Ihr Pferd von sich aus dazu entschieden hat, mit Ihnen zusammen zu arbeiten. Wenn es freudig und motiviert jede Ihrer Bewegungen verfolgt und seine Aufmerksamkeit Ihnen voll zugewandt ist. Ein freud- und lustlos funktionierendes Pferd wird Ihnen künftig schwer auf der Seele liegen, und Sie werden alles daran setzen, diesen deprimierenden Zustand zu verändern. In etlichen

Wenn wir unseren Blickwinkel verändern, eröffnen sich uns ganz neue Perspektiven. Manchmal verlieren wir dabei den „Durchblick", das macht nichts. Vertrauen Sie einfach Ihrem Gefühl.

Momenten werden Sie dabei feststellen, dass das Pferd Sie selbst und Ihren derzeitigen Zustand widerspiegelt. Pferde sind dabei verletzend ehrlich und völlig taktlos. Nehmen Sie die Botschaften Ihres Pferdes ernst, aber nicht tragisch und verändern Sie, was es zu verändern gilt.

Auf der anderen Seite werden Sie auch erleben, wie der Funke Ihrer eigenen Lebensfreude und Begeisterung auf Ihr Pferd überspringt, und das Zusammensein mit ihm eine völlig neue, erfüllende Intensität und Tiefe erreicht. Wenn Sie das einmal erlebt haben, wird danach nichts mehr so sein wie es war.

„Der Mensch kann das Äußere nicht zwingen,
das zu sein, was er selbst nicht ist."

FLORENCE SCOVEL SHINN

WAHRNEHMUNG, INTUITION UND REFLEXION

Dialog zwischen Mensch und Pferd   156

Selbsterkenntnis   161

Wahrnehmung, Intuition und Reflexion

Wie Hammer und Meißel eines Bildhauers nur Werkzeuge sind und erst durch Kreativität, Fantasie und Geschick des Menschen mit Hilfe der Werkzeuge ein Kunstwerk entstehen kann, genauso lebt die Begegnung und Auseinandersetzung mit Pferden von der Offenheit, Lebendigkeit und Kreativität, die Sie in diese Beziehung hineingeben. Ihr Werkzeugkoffer dient lediglich dazu, eine gemeinsame Kommunikationsebene zu schaffen. Indem Sie im Dialog mit dem Pferd Feinheiten wahrnehmen, Ihrer Intuition folgen und über das Erlebte reflektieren, hauchen Sie einer Technik Leben ein. Erst dann kann das Wunderbare zwischen Mensch und Pferd entstehen.

Dialog zwischen Mensch und Pferd

Lernen Sie genau hinzuschauen und hinzufühlen, was zwischen Ihnen und Ihrem Pferd tatsächlich abläuft. Öffnen Sie sich den Botschaften Ihres Pferdes. Wie wirkt Ihr Pferd, welchen Eindruck vermittelt es Ihnen und wie fühlen Sie sich dabei?

„Bon Jour" wendet sich mit Hilfe suchendem Blick zum Fotografen. In seiner Gedankenblase könnte stehen: „Sieh nur, wie die „Alte" wieder Druck macht!"

Feedback der Pferde

Während ich das noch als heiteres Spiel empfinde, wie an meiner Mine zu sehen ist, fühlt sich „Bon Jour" bereits gegängelt. Um das traumhafte Abendlicht für Fotos gänzlich auszunutzen, arbeitete ich mit „Bon Jour" wesentlich länger als üblich im Arbeitsviereck. Das war eine Entscheidung des Verstandes, mein Gefühl mahnte mich, es sein zu lassen. Pferde haben kein Verständnis für Fototermine und Kopfentscheidungen. Ich fing an, bewusst etwas von „Bon Jour" zu wollen und schon war das feine Band des gegenseitigen Verstehens, des heiteren Spiels und der Freiwilligkeit zerrissen.

Es erfordert enorme Wachsamkeit und Bewusstheit, die Signale des Pferdes unmittelbar wahrzunehmen und allen Vernunftgründen zum Trotz der eigenen Intuition zu folgen. Es gelingt, wie man sieht, auch mir nicht immer. Wichtig bei solchen Ereignissen ist wahrzunehmen, wie das Pferd unser Tun empfindet, der eigenen Intuition zu folgen, über das Geschehene nachzudenken und aus Fehlern zu lernen. Wir können nicht immer perfekt sein, aber wir können uns um stetige Erweiterung unseres Bewusstseins bemühen. Das ist der Weg der Erkenntnis und des Lernens.

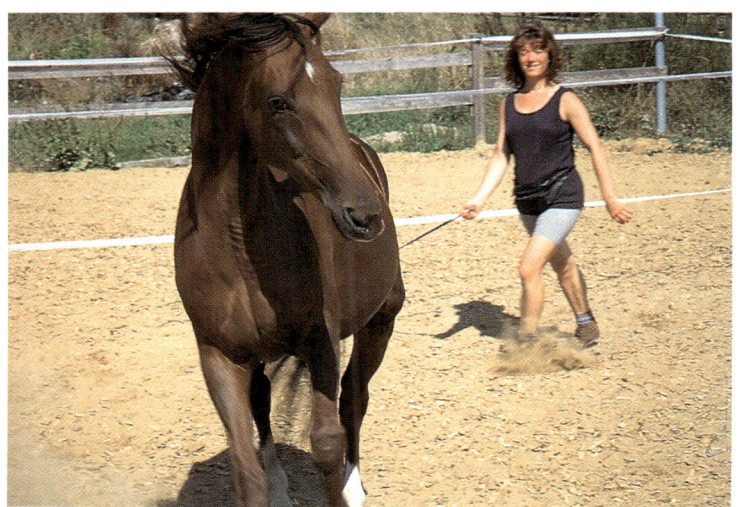

Hier zeigt sich ein krasses Missverständnis zwischen Mensch und Pferd. Ute treibt Rebekka mit sonniger Mine, während Rebekka deutlich zeigt, dass Sie Utes Leittierposition gar nicht akzeptiert. Rebekka wird hier ernsthaft böse, und es fehlt nicht viel, und das Pferd greift an.

Oft liegen wir Menschen auch gewaltig daneben, wenn wir zu wissen glauben, was unser Pferd möchte. Johanna denkt, Ohren massieren mag Chevalier doch sonst auch immer und kann es nicht lassen, obwohl Chevy ihr deutlich zeigt, dass er jetzt keine Lust darauf hat.

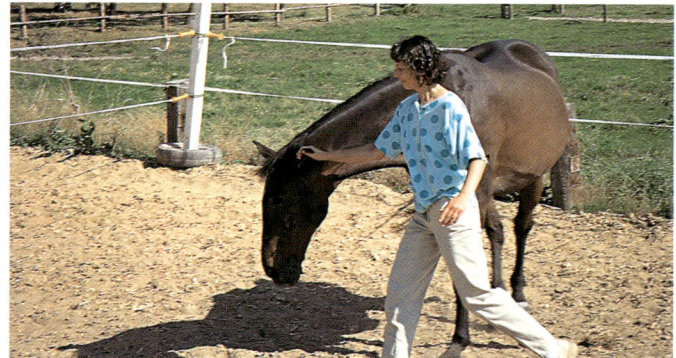

Johanna kann das immer noch nicht glauben und hält hartnäckig an ihrem Irrglauben fest, dass ihm das jetzt gut tun muss. Selbst als Chevalier sich abwendet um sich dem Ohren massieren zu entziehen, kann sie es noch nicht fassen.

Auch das sonst so geliebte Schweifrübe massieren ist nicht immer erwünscht. Es ist wichtig, dass wir beginnen, den Pferden offener zuzuhören und uns von vorgefertigten Meinungen und Anschauungen zu lösen.

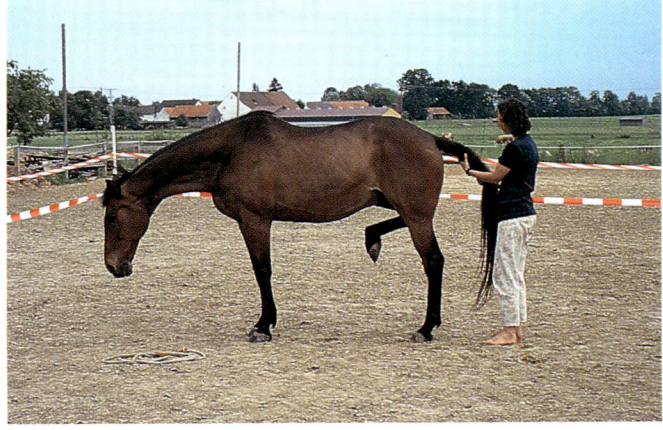

Führen statt Macht ausüben

Dem Pferd ein „Leittier" zu sein bringt uns immer wieder in
Grenzbereiche. Da passiert es auch mal, dass wir der Versuchung erliegen, die „Muskeln spielen zu lassen" und ehe wir
uns versehen, wird aus dem souveränen Führen egoistisches
Macht ausüben. Pferde spüren den Unterschied sofort, und
wenn wir genau hinsehen, können wir es an ihrem Gesichts-
ausdruck lesen.

An diesem Tag ließ sich Jutta von Pashas leicht überheblich wir-
kender Mine provozieren. Juttas Körperhaltung ist angespannt,
der Ball mutiert vom Spielgerät zu einem einschüchternden
Machtinstrument. Pasha springt entsetzt los, verliert dabei fast
das Gleichgewicht. Die Hinterhand droht wegzurutschen. Seine
angelegten Ohren zeigen seinen Missmut. Die Dinge nehmen
ihren Lauf und das, was ursprünglich leicht und spielerisch ge-
dacht war, kippt und entwickelt sich zu einer eigentlich gar
nicht gewollten Machtdemonstration.

Jutta blockt Pasha ab, indem sie ihm den Weg abschneidet. Der Furcht einflößende Ball zusammen mit Juttas protziger Körperhaltung bringen Pasha völlig aus der Fassung. Die Hinterbeine gegrätscht, die Vorderbeine in den Boden gerammt, kann Pasha gerade noch die Balance halten.

Jetzt wird Pasha erst einmal eingesperrt. Juttas Körperhaltung auf dem Foto unten links drückt Macht aus.

Am Ende steht es Pasha im Gesicht geschrieben, was er von dieser Art des Zusammenseins mit Jutta hält. Er verschmäht sogar die Belohnungskarotte. Nein, hier hat er auch seinen Stolz!

Jutta ist einer der einfühlsamsten Menschen, die ich kenne, und die gezeigten Fotos sind für ihre Arbeit mit Pasha sicher-

lich nicht repräsentativ. Auch die bewusstesten Menschen stolpern gelegentlich über ihr Ego. Aller Wahrscheinlichkeit nach wird jeder von uns ab und zu in die „Egofalle" tappen. Betrachten Sie diesen „Fehler" als Lernhilfe. Hinterfragen Sie Ihre Motive und verändern Sie das, was Sie an sich verändert haben möchten. Im Buch „Der Weg mit Pferden – Ein Weg zu mir" finden Sie hierzu Anregungen, Checklisten und Übungen.

Selbsterkenntnis

Das Pferd als Spiegel

Andrea scheint mit dem Geschehenen nicht ganz glücklich zu sein. Ofeig sieht auch etwas bekümmert aus. Gerade in diesen Situationen steckt immenses Wachstumspotenzial. Jetzt heißt es zu reflektieren und sich selbstkritisch und offen zu betrachten.

In der Begegnung mit unseren Pferden erfahren wir viel über uns selbst. Pferde spiegeln uns in unseren Stärken und Schwächen, zeigen uns ehrlich, was wir in jedem Moment ausdrücken. Dabei sind sie leider, oder doch eher Gott sei Dank, äußerst taktlos. Die offene, vorbehaltlose Begegnung mit Pferden lässt uns innere Begrenzungen fühlen und auf unsere Seele drücken, bis wir bereit sind, uns dem zu stellen und diese Blockaden aufzulösen.

Erfahrungen zu Erkenntnissen verdichten

Im Leben machen wir ständig Erfahrungen, angenehme und weniger angenehme. Ob daraus Erkenntnisse werden, hängt davon ab, ob wir bereit sind, diese Erfahrungen zu hinterfragen, ihre Bedeutung zu ergründen und Schlüsse daraus zu ziehen. Kinder sind meistens sehr lernfähig. In der Regel fasst ein Kind nur ein einziges Mal auf eine heiße Herdplatte, dann hat es diese schmerzhafte Erfahrung in eine Erkenntnis fürs Leben umgewandelt. Wir Erwachsene stellen uns da manchmal etwas bockbeiniger an. Oft bedarf es einer ganzen Reihe von mehr oder weniger unangenehmen Erfahrungen, bis wir daraus lernen und unser Verhalten ändern. Im Dialog mit Ihrem Pferd werden Sie eine Fülle von Erfahrungen sammeln, vieles wird Sie begeistern, in Hochstimmung versetzen, anderes wird Ihnen vielleicht schwer fallen, Widersprüche in Ihnen aufzeigen und Sie an Ihre eigenen Grenzen und darüber hinaus bringen. Öffnen Sie sich für die Botschaften Ihres Pferdes, wagen Sie das Abenteuer und seien Sie bereit, Ihre Erfahrungen zu Erkenntnissen zu verdichten. Ich verspreche Ihnen, es werden sich neue, lichte Horizonte öffnen.

Wege des Wachstums

„Nur wenigen Menschen ist es vergönnt, die Wahrheit, vollkommen und verblüffend, durch eine augenblickliche Erleuchtung zu erfahren. Die meisten von uns erwerben sie Stück um Stück, im Kleinen, durch Weiterentwicklung, Steinchen auf Steinchen, wie ein mühsam erarbeitetes Mosaik."

Anais Nin

Pferden offen und vorbehaltlos zu begegnen trägt natürlich auch das Risiko in sich, ab und zu, wie auf einer Bananenschale, auszurutschen. Da sind wir vielleicht von dem Wunsch beseelt, ein altes Kontrolldrama abzulegen und ehe wir uns versehen, hängen wir schon wieder mitten drin. Unser Pferd zeigt uns schonungslos, in dem es sich von uns abwendet, dass es uns in diesem Moment nicht als starke, klare Persönlichkeit wahrnehmen kann. Solche Erfahrungen können sehr verletzend sein, denn das betrifft ja unsere eigene Persönlichkeit, unser ganzes Sein. Es hilft nichts, durch irgendwelche Tricks und Methoden am Pferd etwas verändern zu wollen, damit könnte man ja bestenfalls ein „Funktionieren" bewirken, nie jedoch Vertrauen, Freiwilligkeit und Freundschaft gewinnen.

Auf dem Weg, den ich Ihnen in diesem Buch aufgezeigt habe, gibt es immer Höhen und Tiefen, Erkenntnis und emotionale Betroffenheit, Freude und Weiterentwicklung, Unstimmigkeiten und Frustrationen, aber auch tiefes Verstehen, Harmonie und Einssein.

Ich freue mich, dass ich Sie ein Stück auf diesem Weg begleiten durfte.

„Ich hatte den Verstand verloren und –
war in mein Herz gefallen."

DAN MILLMAN

Gemeinsam wachsen

Hans und Skuggi

Ein Pferd, ein Mensch

Meine Beziehung zu Pferden war noch jung und unreif, als ich durch einen großen Zufall an einem Seminar teilnahm, von dem ich nicht einmal wusste, worum es ging. Bis zu meinem ersten Wochenende bei Susanne war ich der Meinung, Pferde riechen streng, sind groß und brav.

Dass außer Reiten auch noch ganz andere Dinge mit, oder besser durch ein Pferd möglich sind, darauf wäre ich nie gekommen.

Was ist es nun, was ein (mein) Pferd noch kann?

Mit Partnerübungen, Meditation und Bildnissen erhielt ich langsam etwas Klarheit über meine eigenen Verhaltensweisen, das „wie bin ich" und „was tue ich". Dinge, die ich in einem Spiegel nicht sehen kann.

Ein Pferd als Persönlichkeitstrainer, ein Abbild meines Verhaltens, meiner Erwartungen, meiner Ängste und meiner Unklarheit! Es war sehr schwer, das erst einmal zu glauben, aber in der Arbeit mit dem Pferd und der Person Susanne wurde meine Einstellung dazu geändert und es schien mir möglich, dass da etwas dran ist.

Ich erlebte, wie bewegend ein Kontakt mit dem Wesen Pferd sein kann und wie klar es auf Signale, aber besonders auf Emotionen reagierte. Aus dem riechenden Tier wurde mehr und mehr ein Wesen mit Anspruch: Skuggi, ein kräftiger, ruhiger Island-Wallach, selbst das Oberhaupt einer Herde. Er hatte diese Position durch seine Art, seine Präsenz erlangt und konnte leiten und führen.

Tag für Tag konnte ich mehr Dinge entdecken, die zu erkennen mir niemals zuvor möglich war.

Eine Pferde-Person entstand.

Und auch in mir entstand eine Person.

Wir übten „Führen und Folgen", und je klarer ich Signale gab, umso klarer erhielt ich Ergebnisse von ihm. Wenn ich präsent im Umgang mit Skuggi war, so arbeitete er mit mir. War ich „nicht richtig da", klappte die sonst schon so sichere Kommunikation Mensch-Pferd nicht.

Durch den Umgang mit meinem ganz persönlichen Trainer lernte ich unbewusst und bewusst, das zu präsentieren, was ich fühle, denke, bin und möchte.

In der Beziehung zu meiner Lebensgefährtin und auch wesentlich im Arbeitsumfeld sind neue, andere Möglichkeiten erwachsen, und wir (Skuggi und ich) stehen noch am Anfang der Beziehung. Ich glaube, durch die Öffnung hin zum Pferd einen kraftvollen Motor der Selbsterkenntnis und Selbstkontrolle bekommen zu haben.

Hans Krahfuß

Andrea und Ofeig

So richtig Probleme hatte ich mit meinem Pferd eigentlich keine. Dafür mit mir selber und mit meinem Leben umso mehr. In der Situation kam mir das Angebot von Susannes Seminaren gerade recht. Was ich da zu lesen bekam, war genau das, was ich machen wollte, was allein mich von den angebotenen Möglichkeiten faszinierte.

Es gibt ein paar Dinge, die sofort vor meinem inneren Auge auftauchen, wenn ich an die besuchten Seminare denke:

Eine meiner ersten Picaderoarbeiten mit Ofeig, wo ich zum ersten Mal ein Empfinden dafür bekam, was mein Pferd von mir braucht.

Eine Partnerübung, die ich zufällig mit meinem Lebensgefährten machen durfte und deshalb in ihrer Wirkung für mich wohl sehr viel tiefgreifender war, als das vermutlich üblich ist. (Dabei werden einem die Augen verbunden und der andere führt diesen dann, um ihn seine Umwelt mit den restlichen Sinnen wahrnehmen zu lassen.)

Sina, Susannes Hund. Sina spiegelt für mich Lebensfreude pur wider. In meinen Augen ein Zeichen dafür, dass Susanne lebt, was sie lehrt.

Meine Stute ist ein rundum liebes Pferd. Sie macht nahezu alles mit, allerdings ohne Begeisterung und innerer Anteilnahme. Ich habe sie knapp 6-jährig, nur leicht angeritten aus Island importiert, und wir haben uns zusammengerauft. Schwierigkeiten in ihrer reiterlichen Ausbildung gab es damals einige, aber nicht, weil Ofeig schwierig gewesen wäre, sondern weil es an reiterlichem Können und Erfahrung meinerseits mangelte. Sie ist nie gestiegen, hat nie gebuckelt, ist nie richtig durchgegangen, hat nie irgendwelche Tricks angewandt, um mich zu überlisten. Mit der Zeit wuchs auch meine Sicherheit, und ein gewisser Stolz auf das bereits Erreichte stellte sich ein. Aber Freude und Spaß an der Bewegung und an unserem gemeinsamen Tun schien Ofeig nicht zu haben. Sie wirkte immer etwas kraft- und energielos.

Susannes Seminare haben mich auf einen Weg gebracht. Sie haben bei mir einen Prozess des Verstehens und Wachsens in Gang gesetzt. Sie weckten tiefes Verständnis für die gegenseitige Wechselwirkung Mensch-Pferd (Verspannungen, Ängste, Misstrauen, Lebensfreude, Elan, Zuversicht, Selbstvertrauen. Wie wir zu solchen Eigenschaften stehen, wie wir sie leben, empfinden, so wirken sie auch auf unseren Partner Pferd). Diese Erkenntnis hat mich allerdings erst sehr viel später zu Hause irgendwann einmal ereilt. Plötzlich fiel es mir wie Schuppen von den Augen (auch wenn das eine abgedroschene Floskel ist, ich muss es so sagen). Ofeig ist in ihrer Persönlichkeit, in ihren Bewegungen, in ihrem Sein ein Abbild meiner selbst. Zurückhaltend, ruhig, eher introvertiert, häufig angespannt und unsicher, ängstlich (wobei hier die Angst vor dem Leben an sich gemeint ist), misstrauisch. Im Picadero aufmerksam aber sehr angespannt und kaum von der Stelle zu bewegen. Beim Reiten die Luft anhaltend und verspannt. Kein Vertrauen zu sich selbst, kein Vertrauen in das Leben, Angst etwas falsch zu machen, nur nicht unangenehm auffallen. Diese Beschreibung passt auf uns beide. Ich kenne mich auch anders, voll Lebensfreude, Enthusiasmus, mit Zielen und voll Überschwang und ich wünsche mir, dass mein Pferd mir auch diese Dinge einmal widerspiegeln wird (mit Sicherheit dann, wenn ich diese Eigenschaften selbst wieder gefunden habe).

Um das zu erkennen, waren allerdings große Offenheit und Ehrlichkeit mir selbst gegenüber sowie intensives Auseinandersetzen mit den Kursinhalten notwendig. Mein Pferd sollte mich zu etwas Besonderem machen, glänzen wollte ich mit ihr (das muss an sich nichts Verwerfliches sein, aber die Erkenntnis zu treffen und sich Klarheit über solche Gefühle zu schaffen, verändert die Beziehung tiefgreifend). Will ich persönlich denn nur für meine glänzenden Leistungen geliebt werden und Annahme erfahren? Warum sollte dann mein Pferd damit glücklich sein können? Wie soll ich zu Jemandem Vertrauen haben, wenn dieser jemand nur von mir fordert und die erbrachte Leistung als selbstverständlich hinnimmt (auch wenn er diese angenommene Selbstverständlichkeit mit einem Lob tarnt)?

Die Seminare geben kein Patentrezept. Sie vermitteln Wissen über das Wesen und die Natur des Pferdes und regen zum Nachdenken an. Sie fördern einen Umgang, der von Liebe, Verständnis und Achtung gegenüber jeglicher Kreatur, in diesem speziellen Fall natürlich im Besonderen des Pferdes geprägt ist. Ich arbeite nach einer Phase der absoluten Unsicherheit nun wieder kontinuierlich mit Ofeig auf meine eigene Art und Weise, aber mit sehr viel mehr Lockerheit und Freude und baue die bei den Seminaren gegebenen Anregungen in meine Arbeit mit ein. Ich fange an, mir selbst wieder zu vertrauen und ich weiß, dass dieser Weg uns beiden (Mensch und Pferd) zugute kommt.

Wichtig erscheint mir die seelische Anteilnahme, die für das Pferd spürbare innere Einstellung, die Beteiligung des Herzens bei allem Tun. Wobei Verständnis und Anteilnahme nicht zu verwechseln sind mit Verzärteln oder Vermenschlichen. Das Pferd in seiner Natur und seinen angeborenen Instinkten und Verhaltensweisen zu verstehen und dieser Natur entsprechend umzugehen ist das Ziel. Klarheit und Eindeutigkeit, Stimmigkeit in Emotion und Ausdruck sind für mich wichtige Lernschritte, die auf den Seminaren erarbeitet werden.

Ich sehe heute mein Pferd als meinen Lehrer für die Schule des Lebens. Bei der Arbeit und im Umgang mit Pferden geht es nicht nur um eine Technik. Es ist nicht leicht und wie gesagt, es ist sehr viel Ehrlichkeit sich selbst gegenüber gefragt, aber es ist ein gutes Gefühl auf dem Weg zu sein. Die Erkenntnisse setzen eine Eigendynamik in Gang. Und das gibt nicht nur der Beziehung zum Pferd eine neue Qualität, sondern dem Leben allgemein.

Andrea Kleinmeier

Bettina und Ramona

Als ich meine Stute zum ersten Mal sah, fiel mir sofort auf, wie fixiert sie auf ihre alte Besitzerin war. Mit jedem Blick folgte sie ihr, wurde unruhig, als sie den Stall verließ und entspannte sich erst wieder als sie zurückkam.

Ich hoffte damals auch so ein inniges Verhältnis mit dem Pferd aufzubauen. Um es vorweg zu nehmen, ich brauchte fast zwei Jahre, bis wir einander akzeptierten, und erst nach fünf Jahren wurden wir Partner.

Eine Bekannte erzählte mir, wie sie mit ihrem Pferd vom Boden aus arbeitete und es ihr dann folgte ohne Strick und Halfter. Das wollte ich auch probieren. Also belegte ich einen Wochen-endkurs bei Susanne. Der Anfang war mehr ein Nebeneinander als ein Miteinander, aber durch die sehr persönliche und ein-fühlsame Art von Susanne gelang es uns beiden, dass wir uns öffneten. Das Gefühl von Zufriedenheit, Vertrauen und gegen-seitigem Verstehen war für mich ein einmaliges Erlebnis. Si-cher gibt es hier und da noch Schwierigkeiten, aber wir haben einen Weg gefunden, ihn gemeinsam zu lösen.

Bettina Greppmeier

Ute und Rebekka

Solange ich denken kann, liebe ich Pferde. Leider hatte ich sehr spät die Möglichkeit gefunden, reiten zu lernen und mit Pferden zu arbeiten. Jahrelang bin ich dann von einem Reiterhof zum anderen und habe so ein wenig reiten gelernt ... Irgendwann begegnete mir dann mein Pferd, mein Traumpferd. Das war vor sechs Jahren. Eine junge, hübsche Traberstute.

Ich verliebte mich sofort, nach zweimal anschauen, einmal fünf Minuten reiten nannte ich sie Rebekka und habe sie gekauft. Mir ist fast das Herz stehen geblieben vor Freude.

Ich war damals der Meinung, dass reiten und füttern genügt, um ein gutes Verhältnis zu seinem Pferd zu haben. Ich hatte mich geirrt.

Es ging auch eine ganze Weile gut. Eben weil es mein Pferd ist, und sie auch mich mochte. Aber ganz schnell stellten sich Probleme ein, die ich am Anfang auch irgendwie noch hinbiegen konnte, oder dachte, das sie verschwunden wären, zum Beispiel Rückenprobleme, Ungehorsam.

Aber ich denke heute, ich habe einfach ein gut erzogenes, braves Pferd gekauft, das selten kämpfte, sich eben unterordnete. Aber sie war auch noch sehr jung.

Als sie dann zwei Jahre älter war, häuften sich die Probleme. Sie ließ sich nicht mehr satteln, rannte immer weg, wollte nicht auf die Koppeln, nicht in die Box. Rebekka die totale Verneinung, und ich am Ende.

Ein Tierarzt bescheinigte mir, dass ich das Pferd nicht mehr reiten könne. „Nette Reiter" rieten mir, „den Gaul zu verkaufen und ein gescheites Pferd zu kaufen". Doch es ist mein Pferd, ich wollte sie behalten. Natürlich war ich am Boden zerstört, aber ich fing an, zu suchen, zu lesen, zu fragen und mich umzuschauen.

So bin ich dann nach langer Suche bei Susanne gelandet. Das hat mir die Augen geöffnet und mich meinem Pferd endlich näher gebracht.

Inzwischen habe ich kaum noch Probleme mit meinem Pferd und ich habe eine ganz neue Art des Zusammenseins entdeckt. Ich weiß manchmal nicht, was schöner ist, mit Rebekka zu laufen und mit ihr die Gegend zu erkunden – es ist einfach herrlich, mit ihr den Sonnenaufgang auf einer Waldlichtung zu erleben, wenn sie ganz bei mir ist – oder, zu reiten und die Freude über die Geschwindigkeit zu spüren.

Ich konnte sie vor kurzem in einem fürchterlichen Gewitter mit Hagel und Sturm sicher nach Hause führen, wo sie mir noch vor nicht so langer Zeit sicherlich durchgegangen wäre.

Für mich ist das der einzig richtige Weg, mit Pferden zu arbeiten und zusammen zu sein.

Ute Ost

Johanna und Chevalier

Schon als Kind faszinierten mich Pferde. Als ich dann endlich mit 15 Jahren reiten lernen durfte, was es selbstverständlich für mich, wie für die anderen Reitschüler, unsere Schulpferde wie Sportgeräte zu „benutzen", denn ich wollte ja den Reitsport erlernen. Oft hieß es da: Gib ihm noch eins drauf, wenn er nicht spurt. Nach einigen Jahren verlor ich die Lust an diesem „Sport". Das kann's doch nicht gewesen sein!

Lange Pause, dann durch Zufall plötzlich ein eigenes Pferd und damit auch Probleme. Warum funktioniert dies oder jenes nicht? Ich meine oft, ich bin für mein Pferd gar nicht existent.

Habe ich ein schlechtes Pferd gekauft? Mache ich etwas falsch? Ist meine Reittechnik verkehrt? Ich wälze Bücher und beginne nachzudenken, warum mein Pferd so stolz an mir vorbeigeht, als wäre ich gar nicht da, obwohl ich ihm alles biete, was es bis jetzt nicht hatte: große Koppeln, Pferde- und Eselgesellschaft, gutes Futter, Pflege, Zuwendung ... Was kann ich sonst noch tun? Etwas funktioniert nicht zwischen uns beiden. Wir sprechen verschiedene Sprachen. In Kursen versuche ich Lösungen für mich und mein Pferd zu finden. Es gefällt uns immer gut, doch es ändert sich letztendlich nichts an der Situation. Fast möchte ich aufgeben und resignieren.

Da tut sich ein Lichtblick auf. Ich lerne: Das Problem ist nicht mein Pferd, das Problem bin ich! Der Schlüssel liegt in mir und heißt für mich: Sei in allem was du tust klar und du selbst. Ich versuche das erste Mal im Pikadero meinem Pferd geistig und körperlich klar zu begegnen, ihm zu sagen, ich bin da. Es dauert eineinhalb Stunden, bis mir mein Pferd einen aufmerksamen Blick schenkt, der sagt: Ich beginne dich zu verstehen. Fast bekomme ich eine Gänsehaut. So nahe wie in diesem Augenblick ist mir mein „Chevalier" in all diesen Jahren noch nie gewesen. Jetzt erst ist eine gegenseitige Beziehung entstanden, die sich ständig weiterentwickelt in dem Maße, in dem ich mich selbst weiterentwickle. Dieses Schlüsselwort

„Klarheit" versteht nicht nur mein Pferd. Auch Menschen in meiner Umgebung nehmen dieses „gelebte Wort" positiv wahr. Auf jeden Fall lohnt es sich und ich bin gespannt, was sich in Zukunft noch alles tun wird.

Johanna Leich

Manfred und Sissy

Ich wurde vor ein paar Jahren durch meine Frau mit dem „Pferdevirus" infiziert. Nach den verschiedensten Problemen mit Pferden begannen wir beide nach Möglichkeiten zu suchen, im Umgang mit diesen Wesen von dem klassischen Reiter- bzw. Benutzerdenken weg zu einem anderen Handeln zu gelangen.

Wer resonanzfähig für andere Wege ist, so würde Susanne sagen, wird auch auf das Passende stoßen. Der Weg mit Pferden, ein Weg mit Susanne Schwaiger als Persönlichkeitstrainerin begann, als ich mich bereits mit anderen Möglichkeiten beschäftigt hatte. Durch die Seminare und im Austausch mit Gleichgesinnten begann ich besser zu verstehen, wie sehr mein Wesen, meine Gemütsverfassung, meine ureigensten Wesenszüge und Gefühle mit denen des Pferdes verquickt sind. Ich erfahre immer mehr darüber, wer ich bin, wie dies auf das Pferd wirkt und nicht zuletzt, wer mein Pferd ist. Auf eine neue Art begreife ich, dass dieser Prozess des sich Verstehens, der Kommunikation und des sich Entwickelns ein unaufhörlicher ist, eine nie enden wollende Bewegung, wie der Fluss des Lebens. In seiner Vielfalt macht dieser Punkt das Leben zu einem spannenden Roman und so kann ich es immer öfter zulassen.

Das alles hatte zur Folge, dass ich im Umgang mit meinem Pferd gewachsen bin, gleichermaßen auch das Vertrauen in dieses sensible Wesen und somit in kritische Situationen. Wenn ich mich überfordert fühle, kommen mir Erfahrungswerte bzw. Gefühle auch aus den Kursen in den Sinn und geben mir immer wieder die Fantasie, die Dinge positiv zu bewegen oder loszulassen und damit zu bewältigen.

Und deshalb wünsche ich jedem, der sich auf den Weg macht, dass er die Kraft findet, mit offenem Herzen aus Konventionen auszubrechen mit dem Pferd als Lehrmeister und Freund.

Manfred Jonschel

Jutta und Pasha

Mein Pferd – mein Schamane, der mich immer wieder auffordert, genau in mich zu hören, negative Regungen aufzustöbern und wegzuschicken. Dadurch durchbreche ich alte Verhaltensmuster und entsprechend meiner inneren Freiheit wächst die Freiheit, die ich nach außen trage. Gemeinsames Reflektieren in Seminaren, Feedback von Susanne bieten Hilfestellung, aus der ich für meine Persönlichkeitsentfaltung Positives schöpfen kann. Letztendlich bedeutet es nicht, sich formen zu lassen. Es ist gefordert, sich ganz bewusst für das Leben zu entscheiden, demütig und wachsam jeden Tag als Geschenk in Empfang zu nehmen, aktiv zu handeln. Die Naturgesetze zu achten ist oberstes Gebot. Wenn ich in Einklang mit der Natur, mit mir selbst und meinen Gefühlen lebe, erkennt mich in dieser Klarheit mein Pferd, fühlt mich mein Pferd. Im Stall beobachtet oder begleitet mich mein Schwarzer auf Schritt und Tritt. Wir genießen unsere gemeinsamen Aktivitäten, ob Spaziergänge

mit oder ohne Halfter und Strick, Ausreiten ohne Sattel (Pasha empfindet diesen als Zwang und ich liebe es, wie ein Indianer das blanke Pferd zu spüren) oder Joggen, Spiel und Spaß – Freiwilligkeit ist das Thema. Keiner muss mehr genügen und funktionieren, die Beziehung wächst und trägt Früchte. Jeder kann darin wachsen. Aber letztendlich: Das Saatkorn für ein zufriedenes Leben muss jeder selbst legen, auch die Pflege des heranwachsenden Baumes obliegt meiner eigenen Verantwortung. Aber es ist gut, wenn bei Bedarf ein Gärtner für Fachfragen zur Verfügung steht.

Jutta Jonschel

„Innere Verbundenheit ist ein Gefühl jenseits von Erwartungen, Abhängigkeiten und Besitzansprüchen. Sie erfordert Offenheit, Herzlichkeit und Umsicht."

SUSANNE E. SCHWAIGER

SERVICE

Checklisten zum Kopieren   180

Epilog   187

Danksagung   188

Zum Weiterlesen   189

Nützliche Adressen   189

Register   190

Checkliste Aufmerksamkeit

Übung: Freiraum gewähren

Mehr Informationen zum Thema „Aufmerksamkeit und Präsenz" finden Sie auf den S. 88 ff.

Führen Sie Ihr Pferd in das Arbeitsviereck und nehmen Sie ihm wenn möglich auch das Halfter ab. Lassen Sie es einfach frei laufen. Wenn Sie ein sehr schwieriges oder gar bösartiges Pferd haben, können Sie diese Übung momentan noch nicht machen. Suchen Sie sich bitte fachkundigen Rat. Die freie Arbeit mit einem schwierigen Pferd kann für einen Ungeübten gefährlich werden.

Bewegen Sie sich in diesem abgegrenzten Raum und schenken Sie Ihrem Pferd dabei keinerlei Beachtung. Gehen Sie Ihren Weg und lassen Sie Ihrem Pferd den seinen. Fällt es Ihnen schwer, Ihre Aufmerksamkeit vom Pferd abzuwenden? Nehmen Sie sich Spielsachen zur Hilfe. Vielleicht einen Fangtrichter mit Ball oder wie hier auf dem Foto, eine Longierpeitsche, mit der Sie jonglieren können. Konzentrieren Sie sich auf Ihr Spiel und vergessen Sie dabei das Pferd. Unterdrücken Sie bewusst den Impuls Ihrem Pferd nachzulaufen, es herzulocken oder auf es einzuwirken. Gewähren Sie Ihrem Pferd Freiraum, spielen Sie Ihr Spiel und verzichten Sie darauf, Ihren vierbeinigen Mitgenossen im Arbeitsviereck zu kontrollieren und seinen Weg zu bestimmen. Sie werden nach einer Weile vielleicht verblüfft feststellen, dass je weniger Sie von Ihrem Pferd wollen, es sich Ihnen umso interessierter zuwendet.

Reaktion des Pferdes	Anregungen, was Sie tun können
▸ Pferd zeigt Desinteresse und scheint über allem zu stehen.	▸ Dehnen Sie Ihr Energiefeld aus. ▸ Setzen Sie Spielsachen ein. ▸ Machen Sie die Übung: Freiraum gewähren. ▸ Zeigen Sie Präsenz.
▸ Pferd ist in völlige Resignation und Apathie verfallen. ▸ Pferd steht mit geschlossenen Augen da.	▸ Bieten Sie im Arbeitsviereck Ihrem Pferd vorerst nur Futter an. ▸ Wenn das Pferd Berührungen genießt, gönnen Sie ihm TTEAM-Touches, Energiearbeit oder Massage.
▸ Pferd rennt unruhig auf und ab, wiehert dabei.	▸ Dehnen Sie Ihr Energiefeld aus. ▸ Zeigen Sie Präsenz durch klare, zentrierte Bewegungen. ▸ Beanspruchen Sie den Raum für sich. ▸ Setzen Sie einen Impuls. Lassen Sie z. B. einen Ball gegen die Hallenwand knallen.
▸ Panik ▸ Pferd versucht aus dem Arbeitsviereck auszubrechen.	▸ Bringen Sie Artgenossen in Sichtweite. ▸ Machen Sie ruhige, sehr klare, zentrierte Bewegungen. ▸ Dehnen Sie Ihr Energiefeld aus. ▸ Sprechen Sie Ihrem Pferd beruhigend zu. ▸ Aktivieren Sie Ihre Herzensbrücke. ▸ Setzen Sie einen Impuls (nur für Geübte). ▸ Verteidigen Sie den Ausgang (nur für Geübte).
▸ Pferd nähert sich aufdringlich an und hält keine räumliche Distanz.	▸ Hängen Sie das Pferd durch schnelleres Gehen und Kurven laufen ab. ▸ Halten Sie das Pferd mit dem vorwärts kreisenden Seil auf Abstand. ▸ Schicken Sie das Pferd mit Hilfe eines Signals, z. B. mit der Fahrpeitsche, weg.
▸ Pferd reagiert aggressiv. ▸ Pferd greift Sie an.	▸ Gehen Sie sofort aus der Gefahrenzone. ▸ Ziehen Sie einen Sachkundigen hinzu. ▸ Sammeln Sie mit einem anderen, leichtführigen Pferd Erfahrungen. ▸ Arbeiten Sie an Ihrer eigenen Persönlichkeit. **Nur für Profis:** ▸ Dehnen Sie Ihr Energiefeld aus. ▸ Aktivieren Sie Ihre Herzensbrücke und setzen Sie so der Aggression nichts entgegen. ▸ Übernehmen Sie klar und sicher Führung. ▸ Setzen Sie Seil und Fahrpeitsche im Notfall zur Selbstverteidigung ein.

Checkliste Der Rangniedrigere muss weichen

Mehr Informationen zum Thema „Der Rang-niedrigere muss weichen" finden Sie auf den S. 102 ff.

Reaktion des Pferdes	Anregungen, was Sie tun können
▸ Pferd bleibt nie stehen, ist sehr unruhig.	▸ Beginnen Sie mit „Aufmerksamkeit und Präsenz", S. 89.
▸ Pferd bleibt völlig ungerührt stehen, weicht nicht aus.	▸ Überprüfen Sie, ob das Pferd Sie tatsächlich wahrnehmen und sehen konnte. ▸ Waren Ihre Bewegungen klar, sicher, souverän? Oder vielleicht unsicher und zögerlich? ▸ Üben Sie mit einem zweibeinigen Partner, gehen Sie dabei entschlossen und mit der Vorstellung, dass Sie durch den Partner hindurchgehen würden, falls dieser nicht weicht. Fragen Sie Ihren Partner, ob er ein Zögern Ihrerseits spüren kann, wenn Sie auf Ihn zugehen. Erst wenn Sie sich ganz sicher fühlen, arbeiten Sie weiter mit Ihrem Pferd. ▸ Werfen Sie aus einigen Metern Entfernung das Seil hinter die Hinterhand des Pferdes auf den Boden (Karabinerende in der Hand behalten!).
▸ Pferd bleibt teilnahmslos stehen, hat völlig abgeschaltet.	▸ Beginnen Sie mit den Anregungen zu „Aufmerksamkeit und Präsenz", S. 89.

Reaktion des Pferdes	Anregungen, was Sie tun können
▸ Pferd zeigt eine Drohgebärde (Ohren anlegen, kickendes Hinterbein, schlingernde Bewegungen von Kopf und Hals). ▸ Pferd weicht nicht oder nur sehr widerwillig.	▸ Überprüfen Sie Ihren Gang und Ihre Körperhaltung im Hinblick auf Unsicherheiten oder Aggression. Bitten Sie eventuell einen Außenstehenden um sein Feedback. ▸ Mit welchen Gedanken haben Sie sich Ihrem Pferd angenähert? Überprüfen Sie Ihre Motivation. Es geht nicht um Siegen sondern um Führen. ▸ Aktivieren Sie Ihre „Samurai-Anker", S. 52. ▸ Werfen Sie das Seil hinter das Pferd. Achten Sie darauf, dass diese Geste klar und sicher wirkt, keinesfalls ängstlich oder aggressiv.
▸ Pferd springt kopflos davon.	▸ Achten Sie auf Ihre Körpersprache. Gehen Sie ruhig und gelassen wie ein Leittier auf Ihr Pferd zu und nicht blindwütig wie ein Stier auf das rote Tuch des Toreros. ▸ Machen Sie ruhige, zentrierte Bewegungen. ▸ Aktivieren Sie Ihre Herzensbrücke. ▸ Stoppen Sie das Kreisen des Seiles, aktivieren Sie nur Ihr Energiekissen. ▸ Richten Sie Ihr Bewusstsein darauf aus, dass es nur um den „Heuhaufen" geht, nicht um ein Verscheuchen des Pferdes.

Checkliste Hengstposition

Gehen Sie auf Höhe der Hinterhand Ihres Pferdes mit. Ihr Brustbein zeigt dabei auf seinen Widerrist. Halten Sie genug Abstand zum Pferd. Während Ihr Pferd außen auf einem Kreis an den Bändern entlang geht, laufen Sie auf einem kleinen Kreis in der Mitte. Als Orientierungshilfe können Sie sich, wie hier auf dem Foto, eine Pylone in die Mitte des Arbeitsviereckes stellen. Als unterstützende Hilfe können Sie entweder Ihr Arbeitsseil oder die Fahrpeitsche verwenden.

Reaktion des Pferdes	Anregungen, was Sie tun können
▸ Pferd wechselt ungewollt die Laufrichtung.	▸ Überprüfen Sie Ihre Position zum Pferd, wahrscheinlich waren Sie zu weit vorn. ▸ Aktivieren Sie Ihre „Samurai-Anker". ▸ Verwenden Sie Ihre Fahrpeitsche als verlängerten Arm. ▸ Korrigieren Sie die Laufrichtung Ihres Pferdes klar und entschlossen, jedoch frei von aggressiven Impulsen.
▸ Pferd kommt immer weiter in die Mitte des Arbeitsviereckes.	▸ Überprüfen Sie Ihre Position zum Pferd. Wahrscheinlich waren Sie zu weit hinten und zu dicht am Pferd. ▸ Signalisieren Sie dem Pferd mit der Fahrpeitsche, auf Höhe des Widerristes, dass es weiter nach außen gehen soll.
▸ Pferd schlägt nach Ihnen aus. ▸ Pferd droht.	▸ Halten Sie Abstand zum Pferd und respektieren Sie seine „Intimsphäre". ▸ Bleiben Sie außer Reichweite der Hinterhufe. ▸ Aktivieren Sie Ihre „Samurai-Anker". ▸ Überprüfen Sie Ihre Körperhaltung. Wirkt Ihre Körperhaltung unklar, aggressiv, zögerlich oder unsicher? ▸ Lassen Sie sich nicht provozieren. ▸ Treiben Sie das Pferd ruhig und gelassen weiter. ▸ Werfen Sie das Seil hinter das Pferd, um der treibenden Einwirkung Nachdruck zu verleihen. Achten Sie darauf, dass Sie dies klar und entschlossen, aber nicht aggressiv tun.

Reaktion des Pferdes	Anregungen, was Sie tun können
▸ Pferd wird hektisch und schnell, gerät aus dem Gleichgewicht.	▸ Nehmen Sie sich etwas zurück. ▸ Gönnen Sie sich und Ihrem Pferd eine Verschnauf-pause und richten Sie sich neu aus. ▸ Aktivieren Sie Ihre Herzensbrücke. ▸ Lassen Sie Ihre Bewegungen ruhig und fließend werden. ▸ Arbeiten Sie nur im Schritt und im Trab. ▸ Ersetzen Sie die Fahrpeitsche durch das Seil, falls Ihr Pferd Angst vor der Peitsche hat.
▸ Pferd läuft nicht, bleibt einfach stehen.	▸ Erhöhen Sie Ihr eigenes Energieniveau, z. B. durch Ausdehnen Ihres Energiefeldes. ▸ Aktivieren Sie in sich Lebensfreude, Abenteuergeist und Bewegungslust. ▸ Setzen Sie einen Impuls mit der Fahrpeitsche. ▸ Werfen Sie das Seil hinter das Pferd. ▸ Bringen Sie selbst Aktion ins Arbeitsviereck, indem Sie wild und ungestüm mit einem Spielzeug spielen. Achten Sie darauf, dass das Pferd einen offenen Fluchtweg hat.

Mehr Informationen zum Thema „Hengstposition" finden Sie auf den S. 122 ff.

Checkliste Führpositionen

Reaktion des Pferdes	**Anregungen, was Sie tun können**
Pferd läuft nicht mit.	Beginnen Sie mit der Übung „Kontakt aufnehmen", S. 112.
	Aktivieren Sie Ihre „Samurai-Anker".
	Laufen Sie in entgegengesetzter Richtung los, also am Pferd vorbei.
	Stellen Sie sich neben Ihr Pferd, auf Höhe des Widerristes, wedeln Sie mit der Fahrpeitsche über dem Rücken des Pferdes und ermuntern Sie so Ihr Pferd loszulaufen.
Pferd versucht zu überholen.	Aktivieren Sie Ihr Energiekissen.
	Richten Sie sich zu Ihrer vollen Größe auf.
	Schlagen Sie einen Haken so, dass das Pferd wieder hinter Ihnen ist.
	Gehen Sie zur frontalen Führposition über.
	Schlingern Sie mit dem Seil.
	Wedeln Sie mit der Fahrpeitsche.
Pferd läuft direkt hinter Ihnen, versucht Sie zu treiben.	Signalisieren Sie mit der Fahrpeitsche, die Sie in der vom Pferd abgewandten Hand halten, dass es zur Seite wegtreten soll.
	Schlagen Sie einen Haken, so dass das Pferd wieder seitlich nach hinten versetzt zu Ihnen läuft. Wiederholen Sie dies so oft wie nötig.
	Gehen Sie zur frontalen Führposition über.
	Halten Sie das Pferd durch Schlingern mit dem Seil auf Abstand.
	Gehen Sie dann wieder in die seitliche Führposition über.

Mehr Informationen zu den Führpositionen finden Sie auf S. 110 ff.

Epilog

Tief in uns verborgen ist eine Sehnsucht. Eine Sehnsucht nach Einheit, nach Einssein, nach Ende eines Zustandes, den wir als Getrenntsein erleben.

Das Gefühl der Einheit entsteht in Beziehungen und da auch nur dann, wenn wir bereit sind, uns offen darauf einzulassen. Sich Beziehungen zu öffnen bedeutet, bewusst das Risiko einzugehen, an wunden Punkten getroffen oder mit eigenen Schwächen konfrontiert zu werden, und unter Umständen schmerzhafte Erfahrungen und Erkenntnisse zu machen. Auf der anderen Seite bedeutet sich Beziehungen zu öffnen aber auch: Liebe, Intensität, Lebensfreude. Und darüber hinaus Bewusstheit, Erweiterung des eigenen Horizontes, Entfaltung der eigenen Persönlichkeit, die Persönlichkeit des anderen kennen zu lernen, sich an seiner Einzigartigkeit zu erfreuen, gemeinsam zu wachsen, Neues zu lernen und bisherige Grenzen zu überschreiten. Lohnt es sich da nicht, sich einem gewissen „Beziehungsrisiko" zu stellen?

Ich habe hier ganz bewusst Beziehungen im Allgemeinen angesprochen, denn ganz gleich, um welche Art von Beziehung es sich handelt, sie kommt erst dann richtig zustande, wenn wir uns tatsächlich öffnen und uns auf einen lebendigen Austausch einlassen.

In der Beziehung zu uns selbst, zu anderen Menschen, zu Pferden, zu allem Sein.

Susanne E. Schwaiger

Danksagung

Ich bedanke mich vor allem bei meinem vierbeinigen Lebensbegleiter „Bon Jour", der mich immer wieder vor neue Aufgaben stellt und mir zeigt, wie wichtig es ist, selbstkritisch und wachsam zu bleiben.

Herzlichen Dank meinen Freunden und Seminarteilnehmern Jutta und Manfred Jonschel, Johanna Leich, Ute Ost, Andrea Kleinmeier, Hans Krahfuß und Bettina Greppmeier, die aktiv mitgewirkt und dieses Buch mit Leben gefüllt haben. Auch bei Pasha, Sissy, Chevalier, Rebekka, Ofeig, Skuggi und Ramona bedanke ich mich mit einer tiefen Verbeugung, „Namasté" – Ich grüße das Göttliche in dir. Auch allen anderen Mitwirkenden und ihren Pferden sei hier herzlichst gedankt.

Mein besonderer Dank gilt einem Menschen, der durch seine Offenheit, Herzlichkeit und Begeisterungsfähigkeit, in mir einen Prozess in Gang gesetzt hat, in dessen Verlauf, aus Träumen und Visionen konkrete Seminare und Bücher wurden. Ich bedanke mich ganz herzlich bei Dieter Hörner.

Für die tatkräftige Unterstützung und gute Zusammenarbeit in Walda möchte ich mich bei Josef Heilgemeir bedanken.

Herr Freiherr Richard von Herrman hat uns großzügig für die Pikaderoarbeit seine malerische Kiesgrube im Herzen des Waldes zur Verfügung gestellt. Herzlichen Dank für dieses Entgegenkommen.

Bei meinen Lesern bedanke ich mich für die vielen wunderbaren Briefe, die mich immer wieder aufs Neue motiviert haben. Das darin entgegengebrachte Vertrauen berührt mich zutiefst.

Herzlichen Dank auch allen Seminarteilnehmern und ihren Pferden für unseren gemeinsamen Prozess des Lernens und Wachsens.

Zum Weiterlesen

Bach, Richard: Illusionen, Frankfurt 1978
Bach, Wilfried: Das Tao des Reitens, Stuttgart 1998
Bek, Lilla / Pullar, Philippa: Chakraenergie, München 1993
GaWaNi Pony Boy/Gabriele Boiselle: Horse, Follow closely, Stuttgart 1999
GaWaNi Pony Boy: Time well spent, Stuttgart 2000
Gerweck, Dr. Gerhart: Die Psyche des Pferdes, Stuttgart 1997
Hempfling, Klaus Ferdinand: Mit Pferden tanzen, Stuttgart 1993
Hempfling, Klaus Ferdinand: Die Botschaft der Pferde, Stuttgart 1995
Kölsch, Hans-Christoph: NLP Kurz & praktisch, Freiburg 1997
Kopmeyer, M. R.: Lebenserfolg, München 1985
Millman, Dan: Der Pfad des friedvollen Kriegers, München,Bern,Wien 1984
Redfield, James: Die Erkenntnisse von Celestine, München 1995
Redfield, James: Die Prophezeiungen von Celestine, München 1993
Schmid-Neuhaus, Angelika: Das große Fitnessprogramm für Pferde, Stuttgart 2000
Schmincke, Don: Samuraiprinzipien für den Manager des 21. Jahrhunderts, München,Bern,Wien 1997
Schwaiger, Susanne E.: Der Weg mit Pferden – Ein Weg zu mir, Stuttgart 2000
Tellington-Jones, Linda: Die Persönlichkeit Ihres Pferdes, Stuttgart 1995
Tepperwein, Kurt: Die geistigen Gesetze, München 1992
Tepperwein, Kurt: Wissen – Handeln – Sein, Güllesheim 1998
Wittek, Cornelia: Von Apfelessig bis Teebaumöl, Stuttgart 1999
Zeeb, Klaus: Die Natur des Pferdes, Stuttgart 1998

Nützliche Adressen

Susanne Schwaiger
Moosweg 2
86676 Walda
Tel. 08253/7452
Fax 08253/997348
e-mail: s.e.schwaiger@t-online.de

Positiv Factory
Institut für Persönlichkeitsbildung
Dieter M. Hörner
Grünthalweg 4a
83026 Rosenheim
Tel. 08031/68932
Fax 08031/267252
e-mail: PositivFactory@t-online.de

Physiotherapie für Pferde
Angelika Schmid-Neuhaus
Lessingstr. 24
82211 Herrsching
Tel./Fax 08152/966808
e-mail: a.schmidneuhaus@t-online.de

KOSMOS Kompetenz
Seminare für Reiter und Pferdehalter
Postfach 10 60 11
70049 Stuttgart
Tel. 0711/2191270
Fax 0711/2191350
e-mail: kosmos-kompetenz@kosmos.de

Register

Aggression 101, 105, 107, 109,123, 141, 149
Annäherung 137 ff.
Arbeitsseil 61, 91, 94, 99, 104 ff., 108, 112, 114, 117, 122, 140, 148
Arbeitsviereck 58 ff., 68, 70, 89 ff., 94 ff., 122, 129, 140

Bodenanker 53 ff.

Checklisten
- Aufmerksamkeit und Präsenz 98 f., 180 f.
- Ausdruck von Maul und Nüstern 78
- Der Rangniedrigere muss weichen 106 f., 182 f.
- Einladung 140
- Einzigartigkeit 48
- Folgen 148
- Führpositionen 121, 186
- Führungsstil 121
- „Halbvoll-" oder „Halbleer-Mensch" 39, 40
- Haltung von Hals und Kopf 76
- Hengstposition 130 f., 184 f.
- Kontrolldramen 100 f., 108 ff., 132, 141 f., 149,
- Sprache des Schweifes 77
- Stellung der Ohren 75
- Was erwartet Ihr Pferd von Ihnen? 23

Dialog 74
Dominanz 14 ff., 20, 24, 58, 119, 150
Drohgebärde 18, 81, 102, 107, 130

Einladung, höfliche 134 ff., 138, 140, 144, 150
Energiefeld 92 ff., 99, 108, 121, 125, 148
Entschlossenheit 13, 25, 35 ff., 50 f., 53 ff., 122, 132, 143
Erwartungen 87, 138, 141

Fahrpeitsche 66, 99, 114 f., 118, 121 f., 130, 148
Fluchtweg 70, 94
Freiwilligkeit 10 f., 46, 67, 70, 84 ff., 101, 134, 138, 152 ff.
Freundschaft 10 f., 51, 69
Führen 10, 46
Führpositionen 110 ff.
Führposition, frontale 113
Führposition, seitliche 114
Führungspersönlichkeit 15, 46, 50 ff., 107
Führungskompetenz/Führungsqualitäten 12f., 17, 24, 28, 35, 49, 50 ff., 53 ff., 61, 99 ff., 119, 134, 139, 143

Gelassenheit 18, 25, 38, 41, 53 ff., 132, 136, 143

Harmonie 10 f.
Hengstposition 122, 127
Herdenhierarchie 11 ff., 20, 102, 110, 134
Herzensbrücke 44 ff., 51 f., 99 ff., 110, 112, 116, 131 f., 136, 141

Hilfsmittel 61 ff.

Intimsphäre 80 ff., 111, 118 f., 123, 134, 140
Intuition 87

Karabiner 62 ff., 117
Klarheit 13, 23, 25, 29 ff., 50 f., 143
Konditionieren 19 f.
Kontrolldramen 99 ff., 109 f., 132 f., 141, 149, 162
Körperhaltung/Körpersprache 18, 22 f., 29 ff., 34, 51, 61, 74, 99 ff., 105 ff., 122, 128, 130, 134, 140

Leithengst 13 f., 21, 35, 50, 122 ff., 132, 134
Leitstute 12 f., 21, 50, 110, 120, 142, 147
Leittier 11 f., 15 f., 23 f., 61, 81, 90, 104, 126, 159
Longieren 126

Neurolinguistisches Programmieren (NLP) 52 ff.

Persönlichkeitstraining 18, 28, 37, 40, 99, 107, 162
Präsenz 58, 86, 88 ff., 94, 106, 120, 140
Problempferde 17

Rangordnung 11 f., 15 f., 20, 80 f., 84, 90, 94, 102, 110
Raum einnehmen 103 ff.

Samurai-Anker 52 ff., 107, 121, 123, 130, 140, 143, 148
Samuraiprinzipien 28 ff. 36, 53 ff.
Selbstbewusstsein 12 f., 30
Spielerisches Arbeiten 150
Spielsachen 67 ff., 96
Stopps 128 ff.

Treiben 123 ff., 128 ff., 132, 146

Übungen
- Achtung und Wertschätzung 47
- Arbeitsseil kreisen 64 f.
- Aufmerksamkeit und Präsenz 88 ff.
- Energiefeld ausdehnen 92 f.
- Freiraum gewähren 68
- Gelassenheit 41 f.
- Herzensbrücke aktivieren 45
- Klarheit 34
- Kontakt aufnehmen 112
- Samurai-Anker setzen 53
Unterbewusstsein 85

Verbundenheit 25, 43 f., 45 f., 50 f., 53 ff., 112, 136, 143
Vertrauen 16, 32 ff., 46, 58, 70

Werkzeugkoffer 83 ff. 150, 156

Bildnachweis

Mit 183 Farbfotos von Bettina Greppmeier (S. 171), Alexandra Haungs (S. 50, 51, 52), Manfred Jonschel (S. 144 o.), Marianne Lins / Kosmos (S. 2, 3 o., 5 u., 7, 8/9, 12, 13, 22, 42, 62, 63, 64, 65, 66, 67 o., 76, 77, 81, 102, 103, 117 u., 118, 144 u., 145 u., 163, 178/179, 188), Werner Renz (S. 58, 96, 104, 105,112, 115 o., 120, 129 o., 152, 153, 182, 183, 186 o.), Markus Schwaiger (S. 115 u.), Susanne Schwaiger (S. 17, 29, 30, 33, 59, 68, 74, 78, 79, 84, 91, 95, 97, 122 u., 124, 135, 137, 145 u., 157, 158, 159, 160, 172, 184, 186, 187), Sorrel (S. 14), Horst Streitferdt / Kosmos (S. 1, 3 u., 4, 5 o., 5 mi., 10, 23, 26/27, 31, 32, 39, 43, 44, 45, 47, 49, 56/57, 60, 61, 67 u., 69, 72/73, 75, 80, 82/83, 87, 88, 89, 93, 94, 111, 113, 114, 116, 117 o., 122 o., 123, 125, 126, 127, 128, 129 u., 131, 134, 136, 139, 143, 146, 147, 150, 151, 154/155, 156, 161, 164/165, 166, 168, 174, 175, 177, 185, 186, 187), Sabine Stuewer (S. 21).

Die Zeichnung auf Seite 28 erstellte Angelika Schmid-Neuhaus.

Das Zitat auf S. 26 ist entnommen aus Kurt Tepperwein, Krise als Chance, mvg-Verlag, 1995. Das Zitat auf S. 56 ist entnommen aus Richard Bach, Illusionen, Verlag Ullstein, 1978. Das Zitat auf S. 164 ist entnommen aus Dan Millman, Der Pfad des friedvollen Kriegers, Scherz Verlag, 1995.

Umschlaggggestaltung von Friedhelm Steinen-Broo, eStudio Calamar, unter Verwendung zweier Fotos von Marianne Lins / Kosmos.

Deutsche Vereinigung zum
Schutz des Pferdes e.V.
Wienkamp 11 rechts
46354 Südlohn

Die Deutsche Bibliothek – CIP Einheitsaufnahme
Ein Titelsatz für diese Publikation ist bei
Der Deutschen Bibliothek erhältlich.

© 2001, Franckh-Kosmos Verlags-GmbH & Co., Stuttgart
Alle Rechte vorbehalten
ISBN 3-440-08220-2
Lektorat: Alexandra Haungs
Grundlayout: eStudio Calamar
Produktion: Kirsten Raue
Satz: Markus Schärtlein
Printed in Czech Republic / Imprimé en République Tchèque
Druck und Bindung: Tesinska Tiskarna, a.s., Cesky Tesin

Informationen senden wir Ihnen gerne zu

Bücher · Kalender · Spiele
Experimentierkästen · CDs · Videos
Seminare

Natur · Garten & Zimmerpflanzen ·
Heimtiere · Pferde & Reiten ·
Astronomie · Angeln & Jagd ·
Eisenbahn & Nutzfahrzeuge ·
Kinder & Jugend

Postfach 10 60 11
D-70049 Stuttgart
TELEFON +49 (0)711-2191-0
FAX +49 (0)711-2191-422
WEB www.kosmos.de
E-MAIL info@kosmos.de